赓续与创新：乡村振兴的现代治理体系研究

袁秀伟 著

吉林大学出版社

·长春·

图书在版编目（CIP）数据

赓续与创新：乡村振兴的现代治理体系研究 / 袁秀
伟著． —长春：吉林大学出版社，2022.8
ISBN 978-7-5768-0735-6

Ⅰ．①赓… Ⅱ．①袁… Ⅲ．①农村－社会主义建设－
研究－中国 Ⅳ．① F320.3

中国版本图书馆 CIP 数据核字（2022）第 186933 号

书　　名：赓续与创新：乡村振兴的现代治理体系研究
　　　　　GENGXU YU CHUANGXIN：XIANGCUN ZHENXING DE XIANDAI ZHILI TIXI YANJIU

作　　者：袁秀伟　著
策划编辑：邵宇彤
责任编辑：王默涵
责任校对：柳　燕
装帧设计：优盛文化
出版发行：吉林大学出版社
社　　址：长春市人民大街 4059 号
邮政编码：130021
发行电话：0431-89580028/29/21
网　　址：http://www.jlup.com.cn
电子邮箱：jldxcbs@sina.com
印　　刷：三河市华晨印务有限公司
成品尺寸：170mm×240mm　　16 开
印　　张：13.25
字　　数：205 千字
版　　次：2022 年 8 月第 1 版
印　　次：2022 年 8 月第 1 次
书　　号：ISBN 978-7-5768-0735-6
定　　价：78.00 元

前　言

2017 年，中共十九大作出了"实施乡村振兴战略"的重大决策部署，这是决战全面建成小康社会、全面建设社会主义现代化国家的重大历史任务，更是新时代"三农"工作的总抓手。2018 年，中共中央、国务院印发了《国家乡村振兴战略规划（2018—2022 年）》，对乡村振兴战略的推进和落实作出了具体的部署；2021 年，中央一号文件《中共中央 国务院关于全面推进乡村振兴　加快农业农村现代化的意见（2021）》发布，自此，乡村振兴发展进入全面推进阶段。

农业现代化和农村现代化的实现，基础在于以乡村振兴为目标，健全和夯实契合乡村现代化发展的乡村现代治理体系。这需要贯彻落实中央政策精神，坚持加强党对"三农"工作的全面领导，从乡村基层巩固和完善乡村的基本经营制度，并将乡村现代化发展和建设置于实现社会主义现代化建设的重要位置。通过全面推进乡村的组织、产业、文化、生态、人才等各层面的振兴，发挥乡村深厚的潜力，促使城乡一体化融合发展。

本书共有七章内容，第一章基础·乡村振兴战略理论概述，主要从乡村振兴战略的背景及意义、乡村振兴战略的内涵与导向、乡村振兴战略的基础理论三部分研究了乡村振兴战略的具体理论基础，是整本书的核心根基。

第二章导向·乡村治理体系建设历程分析，主要从中国行政体制改革的历程和乡村改革的发展历程着手，研究了乡村"三治合一"现代治理体系的具体建构手段，为乡村振兴现代治理体系的实施提供了导向。

第三章核心·乡村党建体系建构与管理，主要从乡村基层党建体系的建构、管理、建构工作内容和具体管理工作内容着手，研究了统领乡村振兴战略实施的核心内容和组织建设。

第四章支撑·乡村法治体系建设与管理，主要从乡村法治体系的建设背景、法治文化建设路径和综合立法、村规民约体系的建设着手，研究了支撑乡村治理体系完善的法律法规建设。

第五章根基·乡村文化体系建设与管理，主要从弘扬优秀传统文化、乡风文明元素和乡村文化体系三个角度着手，研究了乡村治理体系建构的文化根基的夯实手段。

第六章保障·乡村卫生健康体系建设与管理，主要从乡村生态意识和健康意识的引导、卫生与健康体系的管理机制角度着手，深入研究了促使乡村卫生与健康体系的建构模式，以便为乡村治理体系的建构提供保障。

第七章关键·乡村教育体系建设与管理，主要从人才与乡村振兴关系、乡村专业人才队伍建设和职教与培训体系的创新建构等角度着手，研究了推动乡村振兴和乡村现代治理体系的完善所需人才的培养模式。

全书以乡村振兴战略为理论核心，通过对乡村治理体系的建设历程进行分析，对乡村振兴发展路径中现代治理体系的建构进行了具体研究分析。乡村现代治理体系需要围绕党的全面领导，通过健全法治、健全文化、健全卫生与健康、健全教育，实现乡村组织架构清晰且扎实稳定、立法完善且法治文化先进、道德高尚且民风淳朴、环境优美且民众健康、人才储备完整且发展潜力巨大，最终全面推进乡村振兴的实现，为广大乡村民众创造更加美好的生活。

鉴于笔者水平有限，书中难免存在一些疏漏，敬请各位同行及专家学者予以斧正。

目　录

第一章　基础·乡村振兴战略理论概述

乡村现代治理体系的建设和完善，是以乡村振兴战略理论为基础，因此要进行乡村现代治理体系建设的研究，需要首先对乡村振兴战略理论有深入了解。

第一节　乡村振兴战略的背景及意义

乡村振兴战略是党的十九大作出的重大决策和部署，也是决战全面建设社会主义现代化国家、全面建成小康社会的重大历史任务，更是新时代"三农"工作的总抓手。

一、乡村振兴战略的背景

中国自古以来就是一个农业大国，因此民族要想复兴，就必须振兴乡村，而乡村要振兴，就必须要解决好"三农"问题。"三农"问题是关系到社会稳定、国家富强、国民素质、经济发展的重要问题。

（一）中华人民共和国"三农"问题溯源

"三农"指的是农民、农业和农村。研究"三农"问题，最终的目的就是解决农民创收、农业发展和农村稳定，以实现地域、产业和主体三位一体共同发展进步。"三农"问题早在中华人民共和国成立之前就已被重视，2000 年之后，解决"三农"问题开始被提升到国家规划层面。我们可以从自然层面、主体层面和政策层面三个角度来分析此问题。

1. 自然层面

自然层面引起的问题主要包括两个，分别是产业自然属性的弱质性和生产资料自然属性的弱质性。

（1）产业自然属性的弱质性。农业是如今三大产业中的第一产业，其依托自然环境和资源，以生产各类食材和其他生物材料为目标，是直接以自然物为生产对象的基础性产业。通俗来说，农业主要依赖不同地域拥有的各种天然资源配置，包括土地、水资源、日照、气温等。虽然如今人类科技发展极为迅速，但对于大自然的种种状貌，依旧是以适应为主，仅仅能依托科技手段对局部或对某方面进行改善，如灌溉调节水资源、温室大棚调节气温等，难以实现大范围和整体性改变。从此角度而言，农业是完全依托自然资源的一种天然弱质性产业，整个产业的发展和进步受自然资源影响最深。

（2）生产资料自然属性的弱质性。农业的发展依赖可以耕种的土地面积、草原的面积、森林的范围、水域的面积等。也就是说，农业的发展深受生产资源的影响。虽然中国幅员辽阔，但人口众多，因此每一个农业劳动力所占有的农地面积并不高。总体而言，中国是一个农业生产资源匮乏的国家，农业人口居高不下的情况下，劳动力平均拥有的农业耕种土地面积相对稀少，而在有限的可耕种土地上，又不可能获得太高的收益，最终就造成了小农经济发展模式。即便随着科技的发展中国已经进入工业化时期，但农业机械化的高投入和高成本也相对制约了农业的快速发展。人均农耕土地面积、农业劳动手段等都属于生产资料的自然属性，生产资料的极大制约性造成了中国农业在生产资料层面也属于弱质性产业。

2. 主体层面

农业主体指的就是从事农业劳动的农民，主体层面引起的问题主要体现在劳动者方面和农业组织方面，与自然层面引起的问题类似，均表现出了其弱质性。

（1）劳动者的弱质性。劳动者的弱质性可以从四个角度分析。首先，中国有限的农业耕种土地资源承载的农民数量失去了有效的控制，尤其是中华人民共和国成立以来，数十年的时间中国人口数量增加数亿。其中，农村人口的增加占最大比重，农民数量的大幅增加抵消了生产力的提升所创造的价值，也就造成了人均可分配的消费品相对减少，对农业的发展促进作用极为有限。其次，在整个中国的工业化发展进程之中，整体市场背景相对压制了农村市场的形成和成熟，从而造成了农产品的商品率较低、农村消费品的市场化程度低等；农村并未孕育出对应的市场经济人才和市场经济体制，在很大程度上制约了农民切入市场的能力发展和壮大。再次，中国的工业化发展进程，是以先发展城市为主，而城市本身劳动力数量有限，所以广泛吸纳了农村中各种通过了筛选的精英人才，从而造成农业发展领域人才流失严重。最后，农业劳动者中精英人才的流失造成了农业生产第一线的劳动者文化素质能力相对偏低，这一点从中国农村劳动力受教育水平的普查情况就可见一斑。相对而言，中国农村劳动力受教育水平整体低于县镇和城市。这种文化素质能力普遍偏低的情况造成了农业科学技术的推动和发展较为困难，在很大程度上限制了农业的整体发展。

（2）农业组织的弱质性。农业组织的弱质性主要体现在，数千年来中国社会管理者并未真正对农民进行科学有效的组织，虽然在中华人民共和国成立后，人民公社化制度开始实行农民组织化管理，但土地承包责任制的实行在一定程度上又一次固化了小农经济的发展模式，并未推动现代农业的快速发展和成熟。这种管理模式根本无法对小农经济模式下的松散农民群体进行有效管理，从而使制度无法有效服务于农业的发展，制约了农业的快速发展和现代化转换。

3. 政策层面

自改革开放以来，中国经济开始腾飞，但初期中国工业化进程不足，因此社会政策在很长一段时间内都是服务于城市发展和工业化进程的推动，政策层面也造成了整个农村发展的弱质性，主要体现在以下几个方面。

首先，21世纪之前的一段时间，中国社会政策推行的是农业支持工业的发展战略，即从农业汲取资金支持工业的快速发展和崛起，通过农业向工业输血的方式造就了中国极为迅速的工业化进程，但对农业的影响也较深，制约了农业的现代化发展。其次，从中华人民共和国成立到改革开放阶段，中国持续了数十年的人口膨胀期，且在此阶段农村人口的增长处于脱离控制的局面。农村人口的大幅度增长、土地资源的有限、农业科学技术的推广受限，均使农业的发展速度较慢。再次，21世纪之前很长一段时间中，整个农业产业均处于一种产业体制不完善、产业发展不健全的状态，农业生产者所担负的生产环节和生产前环节、生产后环节相比，根本无法赚钱，这就造成农业市场处于不均衡发展的状态，极大地制约了农业的发展。最后，新兴产业的崛起，尤其是现代工业的推动和发展，取代了很多农业产业（包括作坊、手工业等），这使得农村的内生产力被极大削弱，农业的自救力开始变差。同时因为农业发展的速度无法和现代工业发展速度媲美，城镇化的进程也令很多农村人才大量涌向城市，使农业发展更加低迷。

在以上三个层面的影响下，"三农"问题愈发严重，最终在21世纪初被广泛关注。在这样的背景之下，关于缓解和解决"三农"问题的各种政策与手段开始被提出并实施，并已取得了有效的成果。

（二）中国经济发展战略方向的转变

自21世纪"三农"问题被提出后，原本实施的农业支持工业的发展战略就开始发生转变，并不断发展和完善。乡村振兴战略是基于解决好"三农"问题所提出的一项农村发展战略，是"三农"工作逐步变迁，并基于中共十九大战略目标基础上形成并明确的农村发展目标任务。

1. 中国"三农"工作的变迁

21世纪以来，"三农"问题被关注。为了实现中国农村经济的发展和社会的稳定发展，中国开始逐步将原本以农业支持工业发展的战略转变为由工业反哺农业发展的战略。在这样的背景下，解决好"三农"问题就成了全党工作的重中之重。自2002年开始，中国开始从多角度对"三农"问题进行解决，主要体现在三个方面。

（1）政策方面。政策方面有关"三农"的工作内容，是从2002年党的十六大报告首次提出的"统筹城乡经济社会发展"目标开始，2003年解决好"三农"问题成为全党工作的重点。2004年9月，胡锦涛同志在中国共产党十六届四中全会提出了"两个趋向"重要论断。第一个是工业化初始阶段，农业支持工业，即工业发展的资金是由农业提供并积累，这是绝大多数国家工业化初期阶段发展工业的普遍性趋向；第二个是工业化达到一定程度后（理论界称为工业化中期阶段），工业会反哺农业，同时城市支持农村发展，最终实现工业与农业协调发展、城市与农村协调发展，同样带有普遍性的趋向。①

从此角度而言，当一个国家或地区的工业化发展达到一定程度后，其基本工业体系已形成且完成。工业拥有了自我积累和自我发展的能力后，将不再需要继续从农业汲取资金，而是可以反向为农业发展提供支持。在此基础上，胡锦涛同志又提出了中国总体已达到以工业促使农业发展、以城市带动乡村发展的阶段的判断。

2005 年 3 月，温家宝同志在第十届全国人民代表大会第三次会议上提出，要适应中国经济发展的新要求，实行工业反哺农业、城市支持农村的战略方针，全面调整国民收入分配格局，以便更多地支持农村的发展和农业的发展。2005 年 10 月，中国共产党十六届五中全会提出了建设社会主义新农村是我国现代化进程中的重大历史任务的政策指向。并在 2006 年部署了对应的新农村建设的具体内容，总括为生产发展、生活宽裕、乡风文明、村容整洁、管理民主。建立在政策推进、农村发展、农村制度完善的基础上，自 2012 年中国共产党第十八次全国代表大会以来，推动"三农"工作的政策出现率更高，在很多方面均体现在中央一号文件上，已经成为全党工作的重中之重。

2013 年，改进农村公共服务机制并推进城乡公共资源均衡配置的内容出现在指导性文件《关于加快发展现代农业进一步增强农村发展活力的若干意见》之中，并强调要建设"美丽乡村"；2014 年，健全城乡发展一体化体制机制和开展村庄人居环境整治的内容，也由中央一号文件提出；2015 年，国家标准《美丽乡村建设指南》（GB/T 32000—2015）发布，对美丽乡村的建设划定了方向和标准，并指出要加快农村公路建设；2016 年中央一号文件强调要加快建设社会主义新农村，并推动农村建设水平，如 2016 年 11 月国务院发布了《国务院办公厅关于支持返乡下乡人员创业创新促进农村一二三产业融合发展的意见》，鼓励和支持更多人才返乡下乡去创新创业，推动农村的快速发展。

2017 年中央一号文件再次对农村产业链进行完善和拓展，包括壮大新产业新业态，拓展农业产业链价值链；发展乡村休闲旅游产业；培育宜居宜业

---

① 刘汉成，夏亚华. 乡村振兴战略的理论与实践 [M]. 北京：中国经济出版社，2019：3-4.

特色村镇；支持有条件的乡村建设田园综合体等。2018 年，国务院办公厅印发《关于推进农业高新技术产业示范区建设发展的指导意见》，国务院印发《关于加快推进农业机械化和农机装备产业转型升级的指导意见》，旨在提高农业综合效益和综合竞争力，以推进农业农村现代化的实现。2021 年11 月，农业农村部大数据发展中心正式成立，旨在通过信息化、大数据对乡村振兴提供支撑和助力。同时为了提高工作效率，有关"从国外引进农业种子、苗木检疫审批"等 11 项行政许可事项实施了全程电子化审批，不仅降低了流程繁杂度，而且提高了审批效率。

（2）基本保障方面。基本保障涵盖的面积较广，包括农村教育、农村社会保险、农村医疗等方面。就农村教育而言，在 2003 年以前一大部分农村教育依旧是民办，是由农民自己筹集资金所开展的农村教育基础设施建设。因为农村经济发展状况与城市差距明显，因此城乡教育基础设施建设和师资力量等方面都存在较大的差距。针对农村教育，我国 2006 年推出了对西部地区农村义务教育阶段学生全部免除学杂费的政策，并在 2007 年推出了对全国农村义务教育阶段学生全部免除学杂费的政策。

就农村社会保险而言，主要体现在农村低保、农村养老保险和农业保险方面。国务院在 2007 年 7 月下发了《关于在全国建立农村最低生活保障制度的通知》，逐渐在全国推行建立农村低保体系。2007 年 10 月，党的十七大报告中提出要基本建立覆盖城乡居民的社会保障体系，并推动人人享有基本生活保障，强调要开始探索建立农村养老保险制度；2009 年国务院发布了《关于开展新型农村社会养老保险试点的指导意见》，并自 2009 年开始实施，以保障农村养老的基本生活和基本需求，以及保证农村养老保险的覆盖面，促使所有农村居民都能够参与，以解决最终的养老问题；2014 年，国务院印发了《关于建立统一的城乡居民基本养老保险制度的意见》，提出要逐步实现新农保和城市职工基本养老保险制度衔接，令城乡居民拥有统一规范的养老保险制度和体系。[①]2012 年，国务院发布了《农业保险条例》，以便规范农业保险活动、保护农民合法权益、提高农业生产的抗风险能力，对从事各种农业活动过程中遭受的自然灾害、意外事故等造成的财产损失进行承担赔偿的保险活动，有效保障了从事农业活动者的经济利益。

---

① 高莉娟，傅李琦. 乡村振兴战略的理论与实践 [M]. 南昌：江西人民出版社，2019：21-22.

就农村医疗而言，在 2003 年之前，有八成以上的农村居民根本没有任何医疗保障。当"三农"问题被提出后，农村医疗开始逐步进入试点实行阶段。从 2003 年开始就有一些地区的农村已经开始实行新型农村合作医疗试点工作，并深受农民欢迎；发展到 2008 年，新型农村合作医疗工作已经实现全面覆盖的基本目标。在新型农村合作医疗的基础之上，2012 年国家六部门联合发布了《关于开展城乡居民大病保险工作的指导意见》，并在 2015 年开始正式在全国推行城乡居民大病保险；2016 年，国务院印发了《关于整合城乡居民基本医疗保险制度的意见》，旨在将城镇居民基本医疗保险和新型农村合作医疗整合于一体，以实现城镇居民和农村居民的基本医疗保险达成统一，这样既有利于农村居民整体医疗保险水平的提高，也有利于推动城乡人员的相互流动。

（3）经济税收方面。农村的发展和农业的发展，首要内容就是经济的发展。自 2004 年开始，中国就开始推行农业税收减免政策，以及农产品价格保护政策，并不断进行完善和强化，以促进农村经济的壮大。

农业税收减免政策主要有两个层面：一是农业税税率的变化；二是农业补贴政策的推广和实施。2004 年 1 月发布的《中共中央 国务院关于促进农民增加收入若干政策的意见》中，就明确提出了要继续推进农村税费改革，逐步降低农业税税率，并取消除烟叶外的农业特产税，真正让农民得到实惠的政策。2005 年更是进一步提出要减免农业税、取消除烟叶外的农业特产税，这一政策在 2005 年 12 月 29 日的第十届全国人大常委会第十九次会议上通过，正式废止了农业税条例。

农业补贴政策的推广主要体现在 2004 年开始广泛实行的四大补贴政策。分别是 2002 年试点实行并于 2004 年全国推广的良种补贴；2004 年实施的种粮农民直接补贴，即按照农民承包的土地亩数面积计算补贴；农机购置补贴，即对农民购买农机具等给予对应补贴，初始时补贴三分之一，之后为定额补贴；最后是 2006 年开始实施的农资综合补贴，即根据劳动力成本、原材料和农业生产资料成本的不断提升，实施的农业生产资料综合补贴，以降低农民从事生产时的各种成本。

农产品价格保护政策主要体现在，2004 年对主要农产品实施最低收购价格政策，即在 2004 年和 2005 年针对稻谷实施了最低保护价收购政策，任何人收购稻谷不得低于公布的最低价格；2006年开始对小麦实施最低保护价收购政策。之后也对其他农产品实行了对应的价格保护政策。

农产品价格保护政策的不断实施，令2008年开始各种主要农产品的最低收购价格不断提升，并逐渐高于国际平均价格，可以说给农民带来的经济支持极大。到2015年，中国主要农产品的价格开始远远高于国际同类价格，为了完善农产品价格机制，中国在2014年就开始对大豆和棉花的价格体系进行了改革，开始实行目标价格制度；2016年，中国取消了玉米临时收储政策，并实施了生产补贴政策。自此开始，我国逐步形成和完善粮食价格机制。

2. "三农"工作成效及困难挑战

自2002年"三农"工作开始正式实施以来，经过二十年来的飞速发展，中国粮食总产量实现了连年丰收，同时农村居民的人均收入也得到了快速增长，城乡居民收入自2010年开始呈现下降状态，如2012年为3.3：1，2016年为2.72：1，2020年为2.43：1。[①]

2020年底，中国完美赢得了脱贫攻坚战，使全国农村贫困人口实现了根本上脱贫，同时在全国脱贫的基础之上，实现了农村基础设施建设的大跨度发展，包括乡村公路建设覆盖率、乡村通电比重、乡村集中或部分集中供水率等，均达到了90%以上，有些基础设施建设的覆盖率更是接近百分之百。

虽然"三农"工作取得了前所未有的成果，但在整个"十三五"期间农业农村发展依旧面临很多困难和挑战，这些困难和挑战也延续到了"十四五"发展期间。从有利层面而言，党和国家一直非常重视"三农"工作的推动和进展，城乡居民的消费结构也在快速升级，新的科技革命和产业革命也在快速兴起，城乡一体化的深入推进和发展，全球经济一体化的进程加快，这些均为农业农村发展提供了极大的支撑，对优化农业结构、缓解资源压力等均有极大的益处。

从困难挑战来看，首先是农业供给侧结构性改革的任务较为艰巨，尤其是专用化农产品和多样化农产品的供给不足，同时玉米等主要农产品的积压度却极高；另外，农业生产成本在持续上升，但生产效益较低且并不平稳，农产品

① 王德青，田思华，朱建平，等.中国城乡居民收入与消费的时空差异及其收敛性[J].数理统计与管理，2021（3）：475-489.

的质量并不均衡，这使得中国农业面临的国际竞争压力极大。其次是农业资源受到污染和破坏。再次，中国经济的整体增速已经开始放缓，经济的发展已进入新常态。在整个经济环境的影响下，农民工外出就业的收益增长速度也开始趋于平缓，这同样使"三农"工作面临巨大的压力。最后，中国城乡一体化发展的战略任务依旧困难重重，城乡资源的平等交换和均衡配置依旧受到影响；另外，农村发展时间较短，其基础设施和公共服务体系架构虽然已经完善，但真正成熟依旧需要时间。

综合来看，基于"三农"工作所实施的乡村振兴战略处于发展机遇与困难挑战并存的状态，只有坚持发展方向，不断创新工作思路，并团结一心共同努力，才能够开拓出新时期农村发展的新局面和新态势。

二、乡村振兴战略的意义

乡村振兴战略是中共十九大作出的重大决策部署，是按照中共十九大提出的决胜全面建成小康社会和分阶段实现第二个百年奋斗目标的战略安排，是在 2017 年中央农村工作会议上明确的目标任务。乡村振兴战略的意义主要体现在以下几个方面。

（一）乡村振兴战略的先进性

乡村振兴战略的先进性可以从三个角度进行分析。首先，从历史角度来看，乡村振兴战略是在历史经验教训的基础上，通过对过去的总结来谋划未来，以深入推进城乡一体化发展为核心诉求，最终提出的最契合中国乡村发展现状的新蓝图。其次，从理论角度来看，乡村振兴战略是实施市场经济体制，系统解决市场问题的重要抓手，同时能够有效推动改革开放的深化发展，能够为中国城乡均衡发展提供对应的理论基础。最后，从实践角度来看，乡村振兴战略契合和呼应了民众的新期待和愿望，是以人民为中心，以搞好农业产业、建好农村设施、服务农民发展和进步、提高人员社会流动性、解决农业现代化发展为目标的战略，也是最终实现社会主义新农村建设以及解决培养现代化农民过程中现实问题的重要内容。综合来看，乡村振兴战略是基于历史经验之上，立足于现实，着眼于未来发展的战略决策，具有实践引导和理论支撑的先进性。

（二）推动城乡均衡及充分发展的手段

党的十九大报告对中国社会主要矛盾的变化作出了重大论断，即中国特色社会主义进入新时代，社会主要矛盾已经转化为人民日益增长的美好生活需要和不平衡不充分的发展之间的矛盾。

报告一方面指出了中国已经进入了发展新时代，另一方面则指出了社会发展伴随而来的社会主要矛盾的转化，即人民对经济社会的发展提出了更高的要求和需求。改革开放以来的数十年间，社会工业化发展迅速，已经进入工业化发展的中期阶段，城市化的深入也有目共睹，城市发展可谓日新月异。但相应而来的则是城市发展与乡镇发展出现了两极分化态势，甚至农村内部的发展也相对出现了分化。城乡发展和农村内部发展的不平衡，就是如今社会发展中最大的不平衡。另外，城市化的深入推进使绝大多数城市都踏上了现代化转型道路，然而"三农"的现代化发展却极为不充分，主要表现在农业现代化发展不充分、社会主义新农村建设不充分、农民整体教科文卫发展水平不充分等。乡村振兴战略最终的目的就是全面建成小康社会并基本实现社会整体现代化，因此乡村振兴战略是推动城乡均衡及充分发展的重要手段。

（三）完善市场经济体系的抓手

改革开放以来，中国一直坚持的都是市场经济改革方向，市场在整个社会的资源配置中发挥的作用越来越重要。市场经济改革不仅提高了社会稀缺资源的配置效率，也推动了社会生产力水平的大幅度提高，这也使得整个社会的劳动分工越来越精细，越来越深入。

随着市场经济改革步伐的推进，市场经济体系的不完善造成的生产过剩、经济危机等问题也开始逐渐显露，这就要求通过重要的抓手来完善市场经济体系，从而扩大稀缺资源配置的范围和空间，促进整个市场的良性持续发展。同时，随着全球经济一体化的不断发展，中国市场经济体系想要更加完善并科学，就需要实行对外和对内两手抓的方式。对外而言，需要贯彻执行开放经济战略，形成对外开放的全新格局。最具代表性的就是以"一带一路"建设为重点，加强国际创新能力开放合作、拓展对外贸易、推进贸易强国建设，以及投资自由化、便利化的各种政策。这样能够有效促进国际产能合作并培育国际经济合作共同体，最终形成国际竞争新优势。

对内而言，则需要尽快平衡城乡经济发展，以实施乡村振兴战略为重要抓手来加强国内经济的平衡性和稳定性。最终从内到外形成各有侧重、相互补充的长期经济稳定发展格局。同时，农业本就是国民经济的基础，农业农村经济是社会经济体系之中极为关键的组成部分。实施乡村振兴战略，可以深化农业供给侧结构性改革，并构建科学的现代化农业产业、生产、经营为一体的经济体系，为全面建设现代化经济体系奠定核心基础。相对而言，国际形势更具多样性和变化性，因此对内平衡城乡经济发展，实施乡村振兴战略来打造稳定经济格局，完善国内的市场经济体系就成了最重要的抓手。其不仅能够提高国内经济的持续健康发展，也能在很大程度上提高在国际上的经济竞争力，从而在竞争更加激烈、形势更加多变的国际市场站稳脚跟。

（四）促使农业现代化改革的关键内容

在"三农"问题被提出之后，经过多年持续不断的努力和发展，中国农业农村发展已经取得了显著的成就。比如，主要农产品的供求关系已经发生改变，现代农业建设已经颇具规模，农民收入一直在持续增长，农业剩余劳动力也有效进行了转移等。

2020 年底，全国脱贫攻坚战的决定性进展足以证明"三农"工作取得了不菲的成效，这些均为实施乡村振兴战略提供了有利条件、奠定了扎实的基础。虽然中国农业农村发展取得了显著成就，但相对而言，农业现代化改革的发展依旧处于起步状态，主要体现在农业现代化发展程度较低、社会主义新农村建设处于探索阶段、乡村教育和科技文化发展尚且不足等。乡村振兴战略将中国农业现代化改革过程中所面临的问题直接摆出，并给予了战略性指导方向，这是促使农业现代化改革的关键性内容。其不仅是党和国家的发展战略，更是统一思想提高认识，促进万众一心向统一目标前行的引导性战略，足以引导农业现代化改革的快速发展。

（五）健全治理格局和建设美丽中国的根本策略

社会治理的基础与核心必然在基层，实施乡村振兴战略能够通过对乡村治理体系的完善、加强基层工作的质量、挖掘优秀传统文化传承渠道、提高农民收益和幸福感等措施，从社会治理基层体系建设、改进农村生活生产条件等各个方面健全社会治理的整体格局，为实现社会主义现代化强国的目标打下坚实的基础。另外，农村是环境生态涵养的主要区域，农业更是生态产品的主要供体。从此角度而言，自然生态是乡村最大的发展优势，也是承载建设美丽乡村乃至美丽中国的关键。从各个层面而言，实施乡村振兴战略是建设美丽中国的根本策略，比如，构建乡村绿色生态发展体系、统筹乡村生态系统治理、加强乡村人居环境协调发展等，都有利于推动乡村和谐气息的产生和促使乡村焕发全新气象。

第二节　乡村振兴战略的内涵及导向

乡村振兴战略是新时代中国农业农村发展方向和理念的一次深刻变革，其内涵更加丰富、层次更加高远、目标更加明确，为中国农业农村的未来发展和改革提供了科学的战略导向。

一、乡村振兴战略的内涵

乡村振兴战略是当前一段时期乃至今后一段时期"三农"工作的主要方向。"十三五"期间，中国现代农业建设取得了重大的进展，为乡村振兴战略的实施和乡村振兴的实现打下了良好的开局。理解乡村振兴战略的内涵，可以从两个方面着手，分别是乡村振兴战略的总体要求和乡村振兴的基本内容。

（一）乡村振兴战略的总体要求

乡村振兴战略的目标是健全城乡融合发展体制机制和政策体系，从而推进农业农村现代化的发展，并在 2035 年取得决定性进展，基本实现农业农村现代化；在 2050 年实现乡村全面振兴，彻底解决"三农"问题，达成农民富、农业强、农村美这一目标。乡村振兴战略所制定的目标，则是按照其总体要求进行规划，分别是产业兴旺、生态宜居、乡风文明、治理有效和生活富裕。

1. 产业兴旺——核心

农村各类产业的发展模式，很长一段时间均是以强调农业生产发展、解决农民温饱为目标。而随着农村产业的繁荣发展，温饱目标已经得到了解决，产业兴旺就要求将农村产业从原本单纯追求产量、粗放型经营模式、不可持续发展状况、面向低端供给的情况，转变为追求生产质量、精细型经营模式、可持续发展和面向高端供给的方向，要建立高质量的农业供给体系、提高农业综合生产能力、健全农村产业融合体系，以实现农村产业的现代化可持续发展。

当前中国农村产业发展的结构还较为单一，也缺少统筹全局的产业布局规划，因此就导致了产业竞争力不强且效益空间有限等问题。实施乡村振兴战略必须围绕产业兴旺的要求，以此为突破方向和实践方向，才能够最终实现农村产业发展的蜕变，为农业农村的现代化发展奠定扎实的基础。

2. 生态宜居——基础

党的十九大报告中，习近平同志提出要加快生态文明体制改革，建设美丽中国。而建设美丽中国的起点和基础，就应该是建设美丽乡村。这里的美丽乡村并非简单的村容整洁这种单一化要求，而是在低碳经济发展方式的基础之上，实现乡村的生产、生活、生态一体化发展。生态宜居作为乡村振兴战略的一项要求，其内核就是通过低碳可持续的绿色发展方式，来打造乡村的物质财富创造和生态文明建设相融的发展之路，从而实现中国特色乡村绿色可持续发展。

3. 乡风文明——关键

在实施乡村振兴战略的过程中要想实现乡村新气象，就必须传承和培养文明的乡风，乡村本就是中华优秀传统文化传承和传播的主要阵地，因此弘扬优秀传统文化就需要以文明乡风为温床。乡风文明旨在倡导和践行具有净化效果且具有涵养的社会风气，从而促进德治土壤的形成，推动乡村的有效治理。乡风文明的基础是家庭建设、家庭教育和家风培养，只有家庭健康和睦，才能形成良好的家庭文明，从而推动良好家庭教育的实施，最终实现提高乡村家庭的文明风尚和精神境界，创造出崇德向善的乡村氛围。

4. 治理有效——保障

乡村的有效治理是推动农村稳定发展的保障，而实现乡村的有效治理就要健全自治、法治、德治相结合的乡村治理体系，这不仅是乡村治理的内在要求，也是整个社会健康发展，最终实现乡村振兴的重要一步。也就是说，乡村的有效治理同样是国家和社会之间的有效磨合和整合，这也是国家治理能力和治理体系完善及实现现代化的具体要求。乡村有效治理的关键是完善自治、法治和德治的耦合机制，以促进彼此的高效契合和深度融合。比如，以法治为核心，将其融入村规民俗中，以德治为内嵌标准，以自治为最终手段，实现不同乡村进行不同模式的有效治理，促使乡村稳定健康发展。

5. 生活富裕——根本

实施乡村振兴战略的根本要求就是要实现农民的生活富裕，而此生活富裕的本质要求是实现城乡的共同富裕。改革开放以来，虽然农村经济得到了极大的发展，但相对于城市的经济发展而言，农村地区经济发展的不平衡和不充分问题日益显现，农民对于美好生活的诉求也越来越清晰。农民生活是否富裕的切身感受，也对其自身的幸福感影响巨大。虽然有些乡村的经济水平和城市经济水平相差不多，但整体的发展不平衡和不充分问题令农民感受到一种压制的剥夺感，从而拉低农民的获得感和幸福感。从此角度而言，要实现乡村农民的生活富裕，不仅需要完成生活水平和经济水平的提升，还需要切实提高农民的获得感和幸福感，即推动农民向现代化进步，结合乡村的现代化发展、思想的现代化发展等，最终有效提升农民的切身感受。

（二）乡村振兴的基本内容

乡村振兴战略的基本内容主要包括乡村的产业振兴、乡村的人才振兴、乡村的文化振兴、乡村的生态振兴和乡村的组织振兴。乡村产业振兴的实现需要围绕乡村的一、二、三产业融合发展，构建乡村现代农业产业体系，将产业的发展和促进农民增收相结合，逐步推动乡村农民的生活富裕；乡村人才振兴的实现则需要有针对性地开发乡村人力资源和资本，优化乡村教育体系，以现代化产业为基本诉求，强化人才支撑。这样才能令期望留在乡村、渴望振兴乡村的人才更具信心，也可以维系乡村人才的持续培养。乡村文化振兴的实现需要从乡村公共文化建设和乡村思想道德建设两个层面着手，通过挖掘乡土文化人才，传承优秀传统文化来实现乡村的人文精神、道德规范、思想观念的正向健康发展，最终培养出乡村的文明乡风，提高乡村农民的精神风貌和精神水平；乡村生态振兴的实现则需要以绿色发展为核心，加强对农村各种环境问题的综合治理，配合乡村基础设施建设，打造出农民和下乡人才安居乐业的美丽家园，从而使良好生态环境的乡村成为可持续发展的基础；乡村组织振兴的实现需要打造扎实稳定的乡村基层党组织，通过法治、德治的保障体系来深化乡村自治实践，最终完善乡村社会的治理体系和体制，为乡村社会的发展提供稳定的管理根基，确保乡村社会井然有序的同时充满活力。

二、乡村振兴的战略导向

乡村振兴战略是习近平同志在 2017 年党的十九大报告中提出的战略决策，具有极强的导向作用。在此基础上，经过数年的完善和推进，中共中央、国务院多次发布了中央一号文件，针对乡村振兴战略的实施进行了总体部署，为解决"三农"问题的具体工作指明了方向。其中包括，2018 年 9 月中共中央、国务院印发的《国家乡村振兴战略规划（2018—2022 年）》；2021 年 2 月发布的 21 世纪以来第 18 个指导"三农"工作的中央一号文件《中共中央 国务院关于全面推进乡村振兴加快农业农村现代化的意见》；2021 年 3 月中共中央、国务院发布的《中共中央 国务院关于实现巩固拓展脱贫攻坚成果同乡村振兴有效衔接的意见》；2021 年 4 月十三届全国人大常委会第二十八次会议表决通过的《中华人民共和国乡村振兴促进法》；2021 年 5 月司法部印发的《"乡村振兴 法治同行"活动方案》等。

（一）推动高质量发展

中国经济的发展已经从高速增长阶段过渡到了高质量发展阶段，因此实施乡村振兴战略也必须坚持高质量发展的总体发展思路。要推动乡村振兴高质量发展，需要从多个层面着手。

首先，通过抓重点补短板这一措施实现乡村发展平稳化充分化，最首要的就是通过实施乡村振兴战略的成果来验证成果对解决社会主要矛盾所带来的实质性贡献，以及对缓解"三农"问题的实际作用。实施乡村振兴的初步重点就是脱贫攻坚战，且已于 2020 年实现了对绝对贫困的摆脱，其对乡村振兴的影响极为深远。因此为了实现高质量发展，之后的一段时间必须要通过有效手段巩固脱贫攻坚的成果，并与乡村振兴战略进行有效衔接。实施乡村振兴战略并实现高质量发展，建立在构建完善的乡村振兴制度框架、政策体系、指标体系、目标体系等基础上。《国家乡村振兴战略规划（2018—2022年）》初步建立了乡村振兴的指标体系，并将目标细化到2022年，同时对乡村振兴战略的三步走策略进行了深入谋划。确定了在此五年间夯实乡村基础的目标，既要实现农村全面小康，又要为后续实现农业农村现代化奠定基础。

其次，通过推进供给侧结构性改革提高乡村基建质量，为乡村可持续绿色发展打下基础。供给侧结构性改革的核心要求是依照生态绿色、创新开放、协调共享的全新发展理念，提高有效供给，减少无效供给，以提高整个供给体系的质量和效率，同时提高其竞争力。在提高农村产业发展质量的基础上，实现产业发展效率和产业竞争力的提升；而在乡村文化建设、政治建设、社会建设、生态建设各方面，都需要围绕整体性和协同性发展的核心，通过供给侧结构性改革来完善政策环境和乡村体制机制，为乡村振兴的可持续发展提供骨架支撑。

再次，通过协调实施乡村振兴战略和推进新型城镇化之间的关系，实现在乡村振兴过程之中逐步完成新型城镇化的发展。城镇化发展是中国社会和经济发展的必经之路，但其战略目标会在全面实现乡村振兴之前就基本完成，如2030—2035年实现城镇化率达到75%左右，届时城镇化会进入饱和阶段，推进步伐必然会放缓，所以在推进新型城镇化的道路上，还应结合实施乡村振兴战略，协调好两者的关系，以实现最终城乡人口的单向流动转化为双向流动，从而确保两个战略目标不会出现冲突。

最后，通过科学处理实施乡村振兴战略和农业农村政策转型的关系，来统筹推进乡村振兴的高质量发展。这就需要在实施乡村振兴战略过程中，提高农民的幸福感和获得感，在提高农民生活水平的基础上加强乡村基础建设质量和完善治理体系，以增强农民的安全感，并通过乡村教育和农业农村现代化的推进，加强农民参与乡村振兴的能力，让农民群众参与到维护自身根本利益和实现共同富裕的战略决策中。增强农民参与乡村振兴的能力可以借鉴很多国际经验，通过政策推动农民培训、优化农业农村的经营环境，一方面可以提高农民的综合素质；另一方面有利于增加农村就业创业机会，同时可以提高农民能力来推动其参与乡村振兴建设的主动性。民众的参与能够不断提升他们的获得感和幸福感，从而惠及整个乡村；更能够通过发挥农民的主观能动性和主体作用开放农民群体的思维观念局限，从而进一步提高农民群体的能力和底蕴，推动文明乡风的实现和乡村文化的振兴。

（二）坚持农业农村优先发展导向

实施乡村振兴战略的目标是解决"三农"问题并推动"三农"发展，其对促进整个社会的稳定、调节收入分配以及优化城乡关系等均有极强的作用，还能够提高社会经济活力，并增强整个社会的抗风险能力。"三农"问题最突出的体现就是城乡发展的不平衡和不充分，因此实施乡村振兴战略必须坚持农业农村优先发展的导向，通过政府政策调控来避免市场失灵，并发挥市场对资源配置的决定性作用，促使整个社会支持农业农村的发展。坚持农业农村优先发展的导向，可以从以下几个角度着手。

首先，需要通过完善产权制度和市场化配置来加速推进农业农村的市场化改革进程。在市场经济时代，公平竞争的市场环境是经济良性发展的基本原则，因此重点应该是建立统一开放且竞争有序的公平市场体系，通过公平竞争的理念普及和创造对应的社会氛围，以切实有效的反垄断措施促进公平竞争市场秩序的形成，促进市场机制健康有效运转；同时需要科学协调产业政策和竞争政策的关系，推动政策向功能性转型，而政策只作为调控手段和引导手段，促使市场能够自主运作。2021年发布的《中共中央 国务院关于全面推进乡村振兴加快农业农村现代化的意见》中就提出要构建现代乡村产业体系的目标，旨在依托乡村特色的优势资源来打造农业全产业链，同时培育出农业龙头企业，建立完善的现代化农业产业体系、生产体系、经营体系，从而打造农业农村现代化示范区，最终以梯次模式推进农业现代化的发展。

其次，通过完善创新创业相关法律法规和监管机制，打造支持农业农村现代化发展的优良环境，创造快速发展的温床。首要做到的就是优化农村资源配置来真正实现惠民效果，减少影响乡村振兴的各种不成熟制度和环境障碍，清晰发展形势，以使得惠民和发展并行。为了推进农村宅基地制度改革，2018年中央一号文件明确了农村闲置宅基地和闲置农房进行三权分置，从而能够有效盘活农村宅基地的利用率和配置成效，最终为农业农村现代化发展提供广泛的用地，从而有效推动乡村振兴战略的实施。通过农村宅基地的三权分置，可以快速有效推动城市人才和城市人口下乡、返乡，实现城市资源和异地资源主动参与乡村振兴，为乡村振兴的推动和发展提供扎实的基础。随着互联网时代的推进和发展，各种新产业和新业态模式也开始影响农村，但对应的政策和监管规则创新力度不足，在一定程度上妨碍了创新创业在乡村的推广。有些新兴产业切入乡村发展中，却带来了新的垄断问题，也就加剧了收入分配不均衡和发展机会不均衡的情况，因此需要通过制定完善的监管规则来推动新兴产业在乡村的发展，发挥其积极作用，实现乡村共同富裕、共享机会。

最后，要充分发挥公共服务和政策环境的建设，以推动培训、营销、技术、融资、信息服务等环境的建设，同时要鼓励结构优化和包容发展，建立起完善的"三农"服务体系。在此基础上，政府还需要加强引导"三农"发展的保障作用，完善乡村社会安全网的建设。比如，建立多层次的农业保险体系就属于完善乡村社会安全网建设层面的内容。对农业农村产业供给侧结构性改革成效较高的领域和关键环节，要发挥政府和政策的优势，加强引导、加大支持，以挖掘不同乡村的特性，匹配发展出各种生产功能区、生产保护区、特色产品优势区、现代农业产业区、农业科技园、现代电商农业产业园、特色小镇与特色田园、农村创业园等，以多点释放的形式发挥乡村的优势，为后续乡村振兴的实施打造出良好的基础底蕴。

（三）坚持城乡融合发展的道路

"三农"问题的出现，根源在于城乡发展的差距。实施乡村振兴战略就是要通过更加合理的资源配置，以工业反哺农业和城市促进乡村的发展模式来最终实现乡村的全面振兴。随着工农和城乡相互影响相互作用，城乡人口、资源、产业、要素之间的融合和渗透、交叉和重组现象日益显著，城乡之间开始逐步呈现出彼此相融的发展格局，但同时城乡在磨合过程中产生的问题也越来越多样。从中就可以看出，实施乡村振兴战略的另一个导向就是要坚持城乡融合发展的道路，通过城乡融合发展的方式，完善乡村的工业化、城镇化、农业现代化、信息化的同步发展。要调和城乡发展的矛盾，就需要健全城乡融合发展的政策体系和体制机制，具体需要从以下几个层面着手。

首先，调整政策重心和资源配置模式，将培育中小城市和特色小城镇的政策推广和实施到位。虽然政策鼓励培育中小城市和特色小城镇，但资源配置依旧会向大城市倾斜，这就使得整体政策导向会向大城市倾斜，无法真正协调城乡发展失衡的问题，更不利于城市人才向乡村转移。政策重心调整、资源配置重心偏向中小城市和特色小城镇，就需要做到对重大产业项目、重点交通路网、信息化重大基建设施、交易市场平台等进行重新布局，将政策重心向乡村方向转移，提高公共服务体系建设的投资分配力度，促使乡村获得更多的发展机会。发挥区域中心城市的辐射能力，通过城市群带动周边乡村振兴，这就需要匹配对应的公共资源配置倾斜和社会资源分配的倾斜，通过加强城际交通、城际信息、城际商圈等协同发展，引导城市群体之间完善协同发展机制和竞争合作机制，在良性竞争合作的基础上推动涉及的区域乡村振兴。此方式不仅能够有效引导乡村挖掘特色发展方向，也能够加强生态共治，共同提高公共服务水平，最终形成城乡深度融合发展的机制体制。

其次，要积极发挥国家发展规划的导向作用，比如，通过中央一号文件《国家乡村振兴战略规划（2018—2022年）》的具体规划，统筹规划国家级乡村振兴方案，之后形成导向性文件来推动各地区各部门作出地方性的乡村振兴规划和专项规划。通过统筹管理和系统衔接，使地方规划、专项规划和国家规划相融合，结合落实主体功能区战略，贯彻对农业农村发展优先支持的策略，构建出完善的城乡融合发展体制机制和政策体系。在发挥国家发展规划的导向作用的过程中，可以进行重点突出分类施策的方式，一方面引导城乡深度融合发展；另一方面引导有条件的乡村进行产业布局和人口适度集中，从而发展出各具特色的乡村振兴战略节点，成为领头羊带领整个区域内的乡村振兴。

再次，需结合完善人才培养和转移人口的体制机制创新来实现乡村人口转移，使农民获得更公平更稳定的可持续发展机会；同时通过人才培训和培养来提高农民参与乡村振兴的能力，推动农民融入城乡融合发展的战略实践之中。这种体制机制创新模式不仅能够为乡村振兴提供更多更全面的新型职业农民，也能够为新型城镇化发展提供更多新型市民和新型产业人才，促使城乡人口均衡向高素质过渡和发展；还可以形成人才培训基地和教育基地，健全城乡融合发展过程中以城带乡的人力资源保障体系，最终形成人才的可持续发展，推动乡村振兴战略的快速实施。

最后，通过推出农村一、二、三产业融合发展的政策，加强政策对乡村振兴发展的支持。"三农"问题的出现，在很大层面上是因为农村产业链不完善，农业产业现代化率较低引发的。推出产业融合发展政策能够有效发挥城市企业和产业的引领作用。比如，结合城市群发展规划，推行区域支持、金融支持、财税支持、产业支持的政策，创新推动农村产业融合，可以有效引导农村产业进行空间布局优化、强化分工协作效率等，使农村一、二、三产业以更加科学更加合理的形式进行融合，形成具备可持续发展潜力的产业链。

第三节　乡村振兴战略的基础理论

乡村振兴战略极为丰富的理论体系作为支撑，其主要理论架构包含四个方向，一个是中国古代农业管理理论之中较为先进和普世化的农业理论，一个是西方经济学派中乡村发展的理论，一个是马克思主义中有关乡村发展的理论，还有一个是在"三农"问题之上逐步形成的乡村发展理论和思想。

中国古代较为先进的农业管理理论，一个是《管子》和《荀子》中所阐述的上下俱富论，即农业是社会经济基础，发展农业生产能够令国库充盈且人民富足，两者需要共同发展，国与民需实现同富，两者息息相关且相辅相成；另一个则是《吕氏春秋》和《齐民要术》中所阐述的农业"三才"论，即农业管理需要融合农业生产的环境因素（天和地），以及从事农业生产活动的主体（人），作为主体的人的主导作用只有在尊重和掌握客观规律的前提下才能实现农业管理。

在农业三才论思想的影响下，中国很早以前就已经拥有了保护农业资源的意识，这种资源保护的意识在如今的社会发展过程中依旧拥有极为重要的作用。中国古代农业管理理论中较为先进的部分内容对如今实施乡村振兴战略依旧有所启发，不过仅仅从农业管理方面有所推动，真正成为乡村振兴战略理论基础的，则是在经济学派乡村发展理论、马克思主义乡村发展理论和"三农"基础上形成的乡村发展理论。

一、西方经济学派乡村发展理论

西方经济学派的乡村发展理论主要是从三个方向进行阐述，一个方向是通过工业和农业的发展关系进行论述，一个方向是通过城市和乡村的发展关系进行论述，还有一个方向是从经济现代化角度进行论述。

（一）工业和农业发展关系方向

基于工业和农业发展关系方向形成的乡村发展理论，颇具代表性的有以下三个理论。

1. 发展中国家经济二元结构理论（双元结构发展模式）

此理论由美国著名发展经济学家、诺贝尔奖经济学奖获得者威廉·阿瑟·刘易斯（William Arthur Lewis）提出的。该理论将发展中国家的经济结构分为现代部门和传统部门两种性质，现代部门主要是工业部门，是运用再生产性资本，采用机器生产方式，具有高效劳动生产率和高收入的部门；传统部门则主要是农业部门，该部门不使用再生产性资本，主要采用手工劳动，人口存量大，所以劳动生产率较低，收入水平较低。

这种偏对立的二元经济发展形式会使得农业存在大量隐性失业者，其又是工业劳动力的主要来源。解决二元经济发展核心问题的方法，就是考虑如何促进农业剩余劳动力向工业进行转移。

2. 二元经济向一元经济发展理论

在刘易斯所建立的理论模型基础之上，美国耶鲁大学经济学教授费景汉（John C. H. Fei）和古斯塔夫·拉尼斯（Gustav Ranis）提出了系统的工业化理论。费景汉和拉尼斯认为刘易斯的二元经济结构模式具有两个明显的缺点，一是没有重视农业在促进工业增长方面的重要性；二是忽略了农业生产率的提高出现剩余产品，其实是农业劳动力向工业集中聚集的先决条件。

基于此，两人深化了农业在经济发展中作用的认识，建立了二元经济向一元经济转化的理论模型。即将经济发展分为三个主要阶段，第一阶段是农业生产率提高，农业剩余劳动力会随着工业扩张向工业转移，工业发展依赖于农业的支持；第二阶段是工业的发展和农业劳动力持续转移，会使农业劳动力的边际产量提高，人均农业剩余下降，此时促进农业增长、提供农业剩余，才能避免农产品短缺，从而稳定农业发展，变相促进工业继续增长；第三阶段是农业被改造为现代化产业，农业剩余满足工业增长，农业发展则由劳动边际生产率决定，最终令农业和工业的二元经济转化为一元经济。[①]

3. 现代化农业转型理论

美国著名经济学家、诺贝尔经济学奖获得者西奥多·舒尔茨（Theodore Schultz）在所作《传统农业的改造》一书中，提出了发展中国家进行现代化农业转型的理论。

舒尔茨认为，发展中国家在现代化发展过程中，均不应该轻视农业，虽然传统农业不可能成为发展中国家经济快速增长的根基，但若将现代化生产要素引入传统农业，促进传统农业向现代化农业转型，将会为国家的经济增长作出极大贡献。

舒尔茨提出了三步建议，首先是要建立一套利于农业现代化转型的制度，通过建立市场机制来激励农民行为，将低效率的农业生产逐步剔除，最终建立起能够适应市场经济的农场经济体制；其次是提高现代化要素向农业方面的投资，从供需两方面为现代化要素进入农业创造条件，供给分为研发和推广，由政府承担，需求则根据市场回报和市场需求有针对性地引导农民使用和接受；最后是对农民进行人力资本投资，即通过教育、培训、提升健康水平等来推动农民能力的提升，从而形成农业经济的可持续增长。[②]

（二）城市和乡村发展关系方向

基于城市和乡村发展关系方向形成的理论，最具代表性的是托达罗模型。此理论是由美国发展经济学家迈克尔·托达罗（Michael P.Todro）提出的，其模型是基于 20 世纪 20 年代之后一些发展中国家工业部门扩张发展，但其城市

① 朱占峰.农村剩余劳动力转移培训实效研究 [M].武汉：武汉大学出版社，2014：32-34.
② 西奥多·W.舒尔茨.改造传统农业 [M].北京：商务印书馆，2017：151-171.

失业现象却一直不断恶化，同时农村向城市的人口流动速度并未减缓，反而不断加快的"拉美现象"而提出的，旨在对城乡人口流动的现象进行解释。

其理论指出，城乡人口流动速度和规模并不取决于城乡之间的实际收入差距，而是取决于城乡预期收入差距，若在农村劳动力能够充分就业，那么农村预期收入就会等于农村实际收入；而城市因存在失业现象，所以预期收入并不等于实际收入，而是与就业概率成正比。以此得出结论，城市依靠现代化部门扩张无法解决发展中国家存在的城市严重失业现象，只有将更多资金改善农业生产条件和生活环境，提高农民实际收入水平才能减缓人口流动压力，进而缓解城市就业压力。

虽然托达罗模型存在多个缺陷，如假定了流入城市的劳动者完全闲置，也并未考虑农村剩余劳动力供给不断增加的问题，同时未考虑第三产业对劳动力的大量需求，以及未考虑农村收入增加对城市经济增长的拉动作用等，所以其模型对于缓解城市就业压力的效果依旧有限。但其模型指出了通过资金投入改善农村生产和生活环境以及建设现代化农村的重要性，这一理念完全可以应用于乡村振兴发展中。

（三）经济发展阶段理论

除了以上两类二元经济理论，还有一个理论对乡村振兴的发展有支撑促进作用，即基于美国经济史学家、发展经济学家惠特曼·沃尔特·罗斯托（Walt Whitman Rostow）提出的国际经济发展六阶段（传统社会阶段、准备起飞阶段、起飞阶段、向成熟推进阶段、高额消费阶段、追求生活质量阶段），最终建立了钱纳里–赛尔昆多国模型。

该模型是由美国经济学家霍利斯·钱纳里（Hollis B. Chenery）和莫伊思·赛尔昆（Moises Syrquin）提出的，两人通过对全球 101 个国家在 1950—1970 年经济发展的有关数据进行回归分析，最终创建了钱纳里–赛尔昆多国模型。

根据分析，从国际经验来看，国家发展到工业化中期，不同的国家都会制定各种政策来反哺农业，并会随着国家经济的不断发展而进行不断调整。整个过程可分为转折期和大规模反哺期两个阶段，转折期的起点就是国家刚刚跨入工业化中期的时间。根据模型标准，工业化中期阶段被界定在由最不发达国家到最发达国家变化过程完成三分之一时。在此节点国家政府开始针对自身农业发展情况和工业发展情况进行政策规划，之后开始实行对农业的扶持政策，以推动工业对农业的反哺。

二、马克思主义乡村发展理论

马克思主义代表人物为马克思、恩格斯、列宁等，马克思主义理论从农业的一般规律充分强调了农业在国民经济之中的基础性地位与关键性地位。他们通过对资本主义时代的工业和农业的关系、城市与乡村的关系以及对其发展趋势进行分析，研究了社会主义建设的角度应该如何解决"三农"问题，并运用历史唯物主义和辩证唯物主义的原理对乡村发展进行了分析和预测。

（一）马克思主义强调处理"三农"问题的重要性

马克思主义理论家均十分重视农业在国民经济之中的关键性地位，同时对社会发展过程中正确处理"三农"问题的重要性做出了强调。

首先，马克思主义理论认为农业生产是人类生存的第一个前提，也是创造历史的首要条件，同时农业也是国民经济的基础和核心。马克思主义指出："我们首先应当确定一切人类生存的第一个前提，也就是一切历史的第一个前提。这个前提就是：人们为了能够创造历史，必须能够生活。但是为了生活，首先就需要衣食住以及其他东西。因此第一个历史活动就是生产满足这些需要的资料，即生产物质生活本身。"[1]

其次，农业劳动生产率的不断提高，是社会进步的基础和保障。当整个社会用于农产品生产的时间越少时，用于其他物质的生产和精神的生产时间就会越多，人类的进步也就会越明显。马克思主义指出，社会用于农产品生产的时间越少，用于其他物质的生产或精神生产的时间就越多。财富的增长和文明的进步通常与生产食品的劳动和费用的减少成相等的比例。

再次，农业劳动特别是生产食物的农业劳动，通常是其他劳动得以独立存在的自然基础和前提。只有农业劳动生产率够高，才能够提供足够的剩余产品，也才能够促使农业和工业实现巨大的社会分工，即农业劳动生产率制约着

---

[1] 马克思，恩格斯. 德意志意识形态 [M]. 北京：人民出版社，2018：32-35.

工农分工的发展程度。马克思主义认为，不考虑对外贸易时，完全脱离农业从事工业的人数，取决于农业劳动生产率，即农业劳动者生产的超过自己消费农产品的数量，其决定着农业人口向非农产业和城市转移的速度与规模。[①]

最后，马克思主义认为农业是国民经济的基础，其属于吸收工业品的市场，更是原料和粮食的供应者，其是输入设备满足国民经济所必需的出口物资的后备来源。马克思主义强调了农民占人口大多数的国家中，建立和巩固工农联盟，直接关系到社会主义革命和建设的成败。

针对此，马克思曾指出："在革命进程把站在无产阶级与资产阶级之间的国民大众即农民和小资产者发动起来反对资产阶级制度，反对资本统治以前，在革命进程迫使他们承认无产阶级是自己的先锋队而靠拢它以前，法国的工人们是不能前进一步，不能丝毫触动资产阶级制度的。德国的全部问题将取决于是否有可能由某种再版的农民战争来支持无产阶级革命。无产阶级革命者若没有与农民的合唱，它在一切农民国度中的独唱是不免要变成孤鸿哀鸣的。"

列宁也曾从社会主义建设高度谈及了巩固工农联盟的重要性："工农联盟——这是苏维埃政权给予我们的东西。这是苏维埃政权的力量所在。这是我们取得成就、取得最终胜利的保障。我们帮助农民，因为这是我们保住政权所绝对必需的。专政的最高原则就是维护无产阶级同农民的联盟，使无产阶级能够保持领导作用和国家政权。"[②]

（二）马克思主义总结了农业现代化发展的规律

马克思和恩格斯通过研究老牌资本主义国家的发展过程，均建议使用资产阶级社会和工业商业水平来表示同一个社会发展阶段，并对这个阶段的发展过程进行了考察研究，形成了社会城市化和工业化等现代化发展过程的理论。

1.农业的现代化发展过程是商品经济代替自然经济的过程

农业社会向农业现代化社会的过渡，是农业商品经济的发展，其起点就是通过资产阶级革命令农民摆脱人身依附，获取土地所有权或使用权，之后农业自然经济就会向商品经济过渡和发展。

---

① 常兴华.建设社会主义新农村 [M].北京：中国商业出版社，2006：47-48.

② 列宁.列宁全集 第42卷 著作 [M].中共中央著作编译局，译.北京：人民出版社，1986：49-50.

马克思主义认为，农业社会是自给自足的自然经济占主导地位的社会。农业中商品经济发展的起点是通过资产阶级革命使农民摆脱封建的人身依附关系而获得人身自由，同时获得小块土地的所有权或租佃权；土地成为可以自由买卖的商品，同时货币地租取代其他形态地租成为地租的主要形式，农业经营者和土地所有者的关系因货币地租而变为"单纯的货币关系和契约关系"。农业中商品经济发展的动力在于，工业革命和城市繁荣扩大了对农产品的需求量，农业人口向工业和城市的转移造就了农产品的国内市场，海外殖民地的拓展为农产品找到了世界市场，为交换而进行的农业生产由此获得了强大动力。与此同时，来自廉价工业品的竞争逐步摧毁了作为农民家庭副业的家庭手工业劳动，农民的小生产受到大农场的无情竞争，小农以家庭为纽带的自给自足的自然经济日益陷入贫困、债务和破产的境地。租地农场主、土地所有者和富裕农民成为发展商品农业的主要力量，农业生产的商品率由于生产规模的扩大、资本的集中等因素而不断提高，现代商品化农业逐步取代了自给自足的传统农业。从某种意义上说，农业现代化过程就是农业商品化过程，发展现代农业就是要使农业变成为市场和交换而进行生产的商品化农业，并不断提高农业商品率。

2.农业资本化经营推动着现代大农业发展

农业商品经济的发展会逐步形成和造就一个新的经营农业的农业企业家阶级，即农业开始向资本化模式和企业化经营过渡，从而推动现代大农业发展。马克思通过对英国资本原始积累过程的研究发现，农业企业家会把农业当作实业、当作工业，并采取工厂或企业的方式来经营自己的农场。农业企业家在农业生产过程中担负着合理运用资本、劳动、科学技术等生产要素，并对农业工人进行领导、指挥、监督的社会职能。

马克思指出，农业企业家进行农业投资并从事农业经营的主要动机是在收回预付资本的同时赚取利润，并且是不低于投资其他行业的平均利润或普通利润的利润。农业利润率长期保持在较高的水平上，而城市实业活动中利润的降低促使资本流入农村并在农业中找到用途。对财富和利润的追求成为农业企业家提高农业劳动生产率的持久而强大的动力。①

---

① 王伟光. 建设社会主义新农村的理论与实践 [M]. 北京：中共中央党校出版社，2006：19-20.

马克思研究英国资本原始积累的过程中发现，英国等国的农业企业家或租地农场主为实现上述财富积累采取的措施包括扩大耕地面积，实行规模经营，发展大农业、大农场以及中等农场；提高不变资本投资比例，将机器运用于农业生产；实行集约化经营，追加资本投资或增加劳动强度以获取额外利润；实行专业化分工和劳动的联合与协作；提高农业劳动者在生产技能方面的平均熟练程度以获得复杂劳动所带来的倍加剩余价值；将科学和工艺学成果自觉地运用于农业，改进耕作方法，实现农业改良和技术进步；在租期较长而且租税水平较低的条件下，积极进行农业固定资本的长期投资，改善交通运输条件和水利灌溉设备等农业基础设施。

马克思指出，农业资本化、企业化经营在英国等国创造了农业史上的奇迹，农业生产力飞速发展，农产品产量增长速度惊人，农场主的财富也迅速膨胀起来。

也就是说，农业经营的资本化和企业化推动着农业企业家将各种新兴技术用于农业改良耕作，从而实现农业的技术进步，最终实现现代化大农业。

3. 农业工业化会引发农业革命，促使现代大农业取代小农经济

社会的工业化进程通常会发生于城市和工业领域，逐渐会形成机器大工业，这也是新技术革命的催化剂。马克思指出，工业化进程首先发生于城市和工业领域，机器大工业的发展使得有固定工作时间和严格劳动纪律的工场制度成为工业生产的普遍组织原则，现代工场手工业和家庭劳动则会逐步过渡到机器大工业。工业革命和机器大工业在占领城市实业活动和各个工业部门后，也会开始占领农业领域。

马克思主义将由农业企业家推动的机器在农业中的应用，以及农业生产当事人的社会关系方面引发的革命为农业革命。以农业机械化、良种化、化肥化为主要特征的农业工业化进程逐步展开，会引起农业生产力的革命。由农业企业家推动的农业工业化、农业改良和技术进步会极大提高农业生产力、促进农产品产量快速增长，从而为农业人口从土地上游离出来，以及其向非农产业转移提供了物质保障。

马克思主义指出："在农业领域内，就消灭旧社会的堡垒——农民，并

代之以雇佣工人来说，大工业起到了最革命的作用。……最墨守成规和最不合理的经营，被科学在工艺上的自觉运用所代替。"①

也就是说，大工业技术在农业中的应用加速了农业改革和小农经济的解体，马克思主义研究其原因得出："小块土地所有制按其社会性质来说就排斥社会劳动生产力的发展、劳动的社会形式、资本的社会积聚、大规模的畜牧和科学的不断扩大的应用。高利贷和税收制度必然会促使这种所有制没落。资本在土地价格上的支出，势必夺去用于耕种的资本。生产资料无止境地分散，生产者本身无止境地分离，人力发生巨大的浪费，生产条件日趋恶化和生产资料日益昂贵是小块土地所有制的必然规律。"

通过西方农业发展道路的特点，可以总结出农业发展的一般规律就是农业商品化、资本化、企业化、工业化、社会化交织在一起。为了追求利润和扩大产品销量，推动了农业企业家开始通过机器等技术促进农业生产力的快速发展。这种农业资本化经营解放了大量人口进入工业领域和城市领域，从而推动了农民转化为工人，包括产业工人和农业工人，这将引起社会关系的巨大变革。

（三）马克思主义探讨了城乡差别和工农差别

随着工业化进程和城市化进程的推进，马克思主义理论家均发现了社会发展过程中出现的新现象，即农业发展落后于工业发展、农村发展落后于城市发展，从而出现了城市统治农村的发展模式。根据这种现象，马克思主义理论家探讨了城乡差别和工农差别应该如何缩小，主要有以下几种理论。

1. 乡村工业化、劳动力非农化

劳动力的非农化是指农业劳动力在乡村就地从事非农产业，以解决农业劳动力剩余的问题。而这种现象的出现，和乡村的工业化发展息息相关。当乡村工业化进程逐步推进，原本剩余的农业劳动力就不需要再涌入城市，从而可以就地就业。

乡村工业化有两种模式：一种是依托于交通运输业的发展，城市工业向乡村扩散引起的乡村工业化；另一种是由农村经济模式中发展出来的乡村工

---

① 郑祥福，周志山，陈向义.马克思主义经典原著选读[M].杭州：浙江大学出版社，2018：85-87.

业化。这种发展模式是一个过渡阶段，随着乡村工业开始集中并成为工业中心形成城市，乡村非农化劳动力就会逐步转化为工业劳动力，从而彻底与农业劳动分离。

2. 人口迁移和全面流动

现代大工业的发展造成农业劳动力开始大量过剩，便利的交通运输条件、差距较大的工业收入和农业收入，推动着这些过剩劳动力开始自由迁移，逐步向城市聚集，从而有效拉低收入差距，缩小了城乡差别和工农差别。

这种农村人口的迁移和全面流动也会推动城市的城市化进程，两者相互促进，最终这些农村人口会扎根城市，形成乡村人口的城市化。

3. 土地自由交易或自由集中

农业生产依托于土地，随着社会的发展，土地的所有权或使用权会完全自由。这种自由会促进产地的集中，而产地的集中则是现代大农业发展和形成的首要条件。

城市工业发展需求大量的劳动力，城乡收入差距和工农收入差距致使农村人口开始大量向城市迁移，若此时土地所有权或使用权完全自由，农业劳动力的大幅减少就会推动产地集中出现，同时因为劳动力缺失，为了提高生产率，集中产地必然会使用机器并实行大规模劳动分工，使农业发展开始与工商业配合，这种产地集中也会大幅缩小城乡差距和工农差距。

4. 资本自由竞争推动工商资本向乡村流动

最初资本生产主要聚集在城市和工业上，而随着工业化的快速发展，城市工商业活动的利润率会逐渐下降，为了获取更高的利润，资本会逐渐流向依旧拥有较高利润的农业和乡村，从而形成城市和工业反哺乡村和农业的情况。同时资本向乡村和农业的流动也会推动农业现代化的发展，从而缩小城乡差距和工农差距。

5. 提高乡村居民文化程度

乡村居民要想维护和争取自己的利益，尤其是留在乡村的居民，就需要提高自身的文化程度，通过将知识、科技等带入农村，推动城乡在文化方面进行交流和沟通，实现彼此的相互促进。这不仅能够缩小城市和乡村之间的差距，而且随着乡村居民的文化程度和知识水平提高，城乡收入和工农收入的差距也会缩小。

以上各措施，其实都需要在国家政策的推动和引导下完成，只有国家下决心缩小城乡差距和工农差距，并针对不同发展程度和地域情况推出不同的政策和措施，才能够发挥出最大的积极推动作用，最终从整个国家层面缩小城乡差距。

三、我党主要领导人的乡村发展理论

在中国处于抗日战争时期和社会主义建设初期时，以毛泽东同志为代表的中国共产党就对"三农"问题极为关注。通过继承马克思主义的乡村发展理论，结合中国实际情况，并在之后多代领导人引领下，与时俱进不断创新，最终形成了以社会主义市场经济为导向、以农民利益为价值取向、以实现农业可持续发展为目标、以乡村振兴为载体的中国特色社会主义乡村发展理论。

（一）毛泽东同志的乡村发展思想

早在中国革命时期，毛泽东同志就极为重视农民的地位和作用。概括起来，毛泽东同志有关农民和农村发展的思想概括起来有四个层面内容。

1. 强调了农民的地位和作用

毛泽东同志依托于马克思主义关于农民的理论，正确认识到了中国农民问题的重要性，并根据马克思主义理论进行了对应的发展。毛泽东同志提出了三个重要方面的理论。

（1）提出了农民是中国革命的主力军。1926 年，毛泽东同志在《国民革命与农民问题》一文中指出："农民问题乃国民革命的中心问题。所谓国民革命运动，其大部分即农民运动。"[1] 1927 年，毛泽东同志又在《湖南农民运动考察报告》一文中指出："农民是革命先锋，农民成就了多年未曾成就的革命事业。农民做了国民革命的重要工作。"[2] 之后，毛泽东同志又进一步分析了中国农民阶级的特点，提出"农民中各阶层在革命中的积极性由于经济地位的不同而不同，经济地位越是低下，生活越贫困的农民就越富有革命性"。

在《湖南农民运动考察报告》《中国社会各阶级的分析》等深入调查农

---

① 中共中央文献研究室.毛泽东文集 第 1 卷 [M]. 北京：人民出版社，1993：37-41.
② 中共中央文献研究室.毛泽东选集 第 1 卷 [M]. 北京：人民出版社，1991：18-19.

民问题之后所创作的著作中，毛泽东同志在肯定了农民在中国革命事业中重要作用的基础上，还根据当时中国八成农民的基本国情，提出"农民是无产阶级的天然的和最可靠的同盟者，是中国革命的主力军。农民问题是中国革命的基本问题，农民的力量是中国革命的主要力量"。

（2）主张农村包围城市革命道路。在革命时期，中国共产党曾将革命重心放在城市，从而走过很多弯路，之后毛泽东同志深入考察了中国社会的特殊情况，最终形成了中国农村性质的正确认识：一是辛亥革命并没有改变中国广大农村的现状，自给自足的封建经济仍占统治地位；二是中国革命的主要依靠力量是农民，分布在广大农村；三是在中国农村敌人统治力量最薄弱，革命的基础最深厚，因此通过建立农村革命根据地聚集力量，不仅十分重要而且十分可靠；四是由于中国革命是在半殖民地半封建社会里由共产党领导的资产阶级民主革命性质及革命具有长期性特点，因此党的工作重心应放在农村，党应以主要力量发动和组织农民；五是要在广大农村开展游击战争，建立工农民主政权，实行土地革命，形成"工农武装割据"的局面。最终得出结论，中国革命道路应该走农村包围城市的道路。

（3）强调农民对国家的重要性。毛泽东同志在《论联合政府》中指出："农民——这是工人的前身。将来还要有几千万农民进入城市，进入工厂，……农民——这是中国工业市场的主体。只有他们能够供给最丰富的粮食和原料，并吸收最大量的工业品。农民——这是中国军队的来源。士兵就是穿起军服的农民，……农民——这是现阶段中国民主政治的主要力量。……农民——这是现阶段中国文化运动的主要对象……"[①] 在党的七大政治报告中，毛泽东同志又指出："忘记了农民，就没有中国的民主革命；没有中国的民主革命，就没有中国的社会主义革命，也就没有一切革命。我们马克思主义的书读得很多，但是要注意，不要把农民这两个字忘记了；这两个字忘记了，就是读一万册马克思主义的书也是没有用处的，因为你没有力量。"[②]

重视农民在毛泽东同志的实践行动中表现得淋漓尽致，主要体现在两个方面，一个是真正意义上解决了农民的实际问题，即土地问题，实现了耕者

---

① 中共中央文献研究室.毛泽东选集 第3卷 [M].北京：人民出版社，1991：1077-1078.
② 中共中央文献研究室.毛泽东文集 第3卷 [M].北京：人民出版社，1995：105-106.

有其田的愿望；另一个是正确解决了农民切实的困难，减轻了农民的负担。当时农民最期望得到的就是拥有土地，满足农民对土地的迫切要求，也就调动了农民支持革命的热情，最终推动着农民为中国革命的胜利作出了贡献。

2. 提出农业是国民经济的核心基础

毛泽东同志在深入研究中国国情和农民情况后，明确提出农业才是国民经济的基础，最终确立了农业在中国经济发展中的战略地位。毛泽东同志指出："全党一定要重视农业，农业关系国计民生极大。"

针对农业和其他生产部门的关系方面，毛泽东同志在1956年发表的《论十大关系》一文中，明确阐述了农业生产、轻工业和重工业协调发展的思路。重要的关系论述有以下几点："农业生产是经济建设工作的第一位，农业是轻工原料主要来源，农村是轻工业的主要市场。""农村是重工业的重要市场。""农业是积累的重要来源。""在一定意义上可以说，农业就是工业。"

3. 主张农业现代化和实现农业机械化

1955年，毛泽东同志在《关于农业合作社问题》一文中指出："'一五''二五'时期，以'社会改革为主，技术改革为辅'；'三五'时期，以'社会改革和技术改革同时并进'。"[1]1957年10月9日，在中共中央八届三中全会上，毛泽东同志强调："搞农业不学技术不行。"与此同时，毛泽东同志还结合农业生产的实际提出了农业耕种的"八字宪法"，即土、肥、水、种、密、保、管、工，成为指导农业生产的重要方法。

农业机械化需要科学技术的支撑，而科学技术的提高，就需要依靠广大民众能够学习科学技术并发展科学技术，用现代科学技术武装工业和农业。在《论十大关系》一文中，毛泽东同志提出要用现代科学技术武装工业、农业以及整个国民经济。1955年，毛泽东同志在《征询对农业十七条的意见》一文中指出："要在七年内，基本扫除文盲。"其目的就是通过让农民学习科学技术知识，来推动农业现代化的实现。

4. 提出城乡互助和城乡兼顾

中华人民共和国成立之后，毛泽东同志更加强调和重视城乡关系，曾指

---

① 中共中央文献研究室.毛泽东文集 第6卷 [M].北京：人民出版社，1999：437-439.

出："城乡必须兼顾，必须使城市工作和乡村工作，使工人和农民，使工业和农业，紧密地联系起来。决不可以丢掉乡村，仅顾城市，如果这样想，那是完全错误的。"根据城乡发展的情况和差别，毛泽东同志还特别强调："我们的经济政策就是处理好四面八方的关系，实行公私兼顾、劳资两利、城乡互助、内外交流的政策。"

（二）邓小平同志的乡村发展思想

以邓小平同志为代表的中国共产党继承和发展了毛泽东同志的乡村发展思想，并在不断实践过程中形成了具有中国时代特征和特色的指导方针。其基本内涵是：没有农村的稳定和全面发展，就不可能有整个社会的稳定和全面进步；没有农民生活的小康，就不可能有全国人民生活的小康；没有农业的现代化，就不可能有整个国家的全面现代化。

1. 农村稳定是社会稳定的基础

邓小平同志认为："从中国的实际出发，我们首先解决农村问题。中国有80%的人口住在农村，中国稳定不稳定首先看这80%的人稳定不稳定。城市搞得再漂亮，没有农村这一稳定的基础是不行的"，"如果不解决这80%的人的生活问题，社会就不会是安定的"。邓小平在此基础上强调农村的发展是我国经济发展的前提条件，并指出："中国经济能不能发展，首先要看农村能不能发展，农民生活是不是好起来。翻两番，很重要的是这80%的人口能不能达到。"

2. 粮食问题是农业问题的关键和核心

邓小平同志多次强调"农业是根本，不能忘掉"。不仅如此，邓小平同志基于对中国国情的清醒认识和发展生产力的需要，提出了要"确立以农业为基础、为农业服务的思想"。邓小平同志谈到粮食问题时指出，粮食问题是农业问题的关键和核心，粮食生产是国民经济的基础。"农业，主要是粮食问题。农业上如果有一个曲折，三五年转不过来。应该把农业放到一个恰当的位置，要避免过几年又出现大量进口粮食的局面，如果那样，将会影响我们经济发展速度。"[①] 为此，他指出，农业要有全面规划，首先要增产粮食。

---

① 邓小平. 邓小平文选 第3卷 [M]. 北京：人民出版社，1993：159-160.

3. 发展农业要靠政策和科学

在农业发展问题上，邓小平同志很重视政策的作用。他提倡放宽政策，发展农村经济，发展农业，并给我国改革开放以来的农业政策以高度评价："现在看，一系列新农村政策是成功的。过去农村很困难，现在可以说绝大多数人能够吃饱，能够穿得比较好，居住情况有了很大的改善。农村政策见效很快，增加了我们信心，对我们确定翻两番的目标是一个鼓励。"① 邓小平同志提出科学技术是第一生产力："马克思讲过科学技术是生产力，这是非常正确的，现在看来这样说可能不够，恐怕是第一生产力。将来农业问题的出路，最终要由生物工程来解决，要靠尖端技术。"实现农业现代化的关键是提高农民的科技文化素质、提高农业的技术装备水平。

4. 发展农业要有"两个飞跃"

邓小平同志在设计我国农村改革和农业现代化道路时提出了两个飞跃的思想。他认为："中国社会主义农业的改革和发展，从长远的观点看，要有两个飞跃。第一个飞跃，是废除人民公社，实行家庭联产承包责任制……第二个飞跃，是适应科学种田和生产社会化的需要，发展适度规模经营，发展集体经济。"邓小平同志指出的"两个飞跃"是统一的整体，后者是前者的必然发展方向和结果，前者是后者的必要基础和支撑。我国农村改革是从实现家庭联产承包责任制突破的，这项突破使亿万农民成为农村市场经济的主体，焕发出巨大的生机活力。要使千家万户的生产与千变万化市场联系起来，要长期适应家庭承包经营又适度扩大经营规模，采用现代技术设备，就需要推进农业产业化经营，发展专业合作经济。

5. 工业应该支援农业

邓小平同志在工农关系上强调农业是基础，工业应该支援农业。邓小平同志曾在1962年7月发表的《怎样恢复农业生产》一文中指出："农业搞不好，工业就没有希望，吃、穿、用的问题也解决不了。农业要恢复，要有一系列的政策，主要是两个方面的政策。一个方面是把农民的积极性调动起来，使农民能够积极发展农业生产，多搞点粮食，把经济作物恢复起来。另一个方面是工业支援农业。"十一届三中全会以后，邓小平同志在总结经验

---

① 邓小平. 邓小平文选 第3卷 [M]. 北京：人民出版社，1993：77-78.

教训的基础上提出："中国经济能不能发展，首先要看农村能不能发展，农业搞不好就要拖工业的后退，工业的发展、商业和其他经济活动，不能建立在80%的人口贫困的基础上。"

6. 强调以收入调动农民积极性

邓小平同志强调发展农业，同时强调必须增加农民收入、调动农民积极性。邓小平同志认为要通过发展多种经营和乡镇企业的途径增加农民收入。他认为，发展农村经济、提高农民收入必须大力调整和优化农村产业结构，逐步形成农林牧副渔各业有机结合，一、二、三产业协调发展的新局面，走全面振兴农业经济之路。邓小平同志说："乡镇企业的发展，……解决了占农村剩余50%劳动力的出路问题。"他认为："农业本身的问题，现在看来，主要还得从生产关系上解决，这就是要调动农民的积极性。在生产关系上不能完全采取一种固定不变的形式，看用哪种形式能够调动群众的积极性就采用哪种形式。"①邓小平同志十分重视农民在农村改革与农业发展中的主体地位，重视农民的集体力量。他认为，农民组织起来的乡镇企业是农村改革中的重大收获，发展乡镇企业是改革农村落后面貌的必由之路。

（三）江泽民同志的乡村发展思想

在中国市场经济体制发展到一定阶段后，以江泽民同志为代表的中国共产党继承了前两代领导人的思想，针对新时期中国"三农"问题，创造性地提出了一系列乡村发展思想。

1. "三农"问题是关系全局的根本性问题

江泽民同志十分重视"三农"问题。他认为："农业、农村和农民问题，始终是一个关系我们党和全国全局的根本性问题。新民主主义革命时期是这样，社会主义现代化建设时期也是这样。""'三农'关系着党的执政地位的巩固，关系着国家的长治久安。这不但是重大的经济问题，同时是个重大的政治问题。"江泽民同志指出："农业是国民经济的基础，农村稳定是整个社会稳定的基础，农民问题始终是我国革命、建设、改革的根本问题。这是我们党从长期实践中确立的处理农业问题、农村问题和农民问题的重要指导思想。"

---

① 邓小平. 邓小平文选 第3卷 [M]. 北京：人民出版社，1993：235-237.

2.强调保护农民利益

"三农"问题的主体是农民，解决"三农"问题就必须最大限度地把农民的积极性调动起来。江泽民同志在1993年4月《当前的经济工作》中说："对农民的切身利益和生产积极性，不能损害、挫伤，一定要采取坚决措施，切实加以保护。"江泽民同志指出，农民的积极性是发展农业和农村经济的根本，新中国成立以来的历史经验证明，什么时候农民有积极性，农业就快速发展；什么时候挫伤了农民的积极性，农业就停滞甚至萎缩。必须在经济上充分关心农民的物质利益，在政治上切实保障他们的民主权利。

江泽民同志还指出，政策是否符合发展生产力的需要，就是要看这种政策能否调动农民的积极性。农村改革之所以获得巨大成功，就是坚持了这个正确的出发点；家庭承包经营之所以能够起到这么大的作用，就是给了农民自主权，使农民得到了实惠。在农村开展任何一项工作，实行任何一项政策都必须首先考虑，是有利于调动还是会挫伤农民的积极性，是维护还是损害农民的物质利益和民主权利，是解放和发展还是会阻碍农村生产力。这是制定农村政策必须坚持的基本准则，是检验政策是否正确的根本标准。①

3.主张依靠科技进步振兴农业

江泽民同志继承了邓小平同志"科学技术是第一生产力"的观点，认为："我国农业发展中科技进步因素在不断提高，已经取得了很大进步，但同国际先进水平相比，仍处于较低水平。农业现代化的实现和大农业经济的发展，最终取决于科学技术的进步和适用技术的广泛应用。先进的农业科学技术的运用，不仅可以有效地弥补农业资源的短缺，而且可以提高物质投入的有效性。"②因此，要依靠科技进步振兴农业。大力加强先进适用科技成果的推广和应用，尽快形成规模效益，同时加大重大新科技项目的研发工作，为农业发展提供技术保障。

4.主张以市场为导向发展农业及农村经济

十四大确定了建立有中国特色社会主义市场经济体制目标，在这种大背

---

① 中共中央文献研究室.江泽民论有中国特色社会主义 专题摘编[M].北京：中央文献出版社，2002：124-125.

② 中共中央文献研究室.江泽民论有中国特色社会主义 专题摘编[M].北京：中央文献出版社，2002：127-128.

景下，江泽民同志指出："坚持以市场为导向，调整农村产业结构，优化资源配置，走高产、优质、高效的道路。这是我国农业发展势在必行的深刻变革，也是农村经济工作指导方针的一个战略性转变。"① "深化农村经济体制改革，总的目标是建立以家庭承包经营为基础，以农业社会化服务体系、农产品市场体系和国家对农业的支持保护体系为支撑，适应发展社会主义市场经济要求的农村经济体制。"②

针对发展农村社会主义市场经济的手段，江泽民同志说："必须坚持以市场为导向，充分利用农村人力、土地和各种资源，农林牧副渔全面发展，第一、二、三产业综合经营，科、贸、工、农相结合、以星罗棋布的乡镇企业为依托，形成一个大农业、大流通、大市场的新格局，从而提高农业的整体经济效益和综合生产能力，走出一条建设有中国特色社会主义新农村的路子。这也是我国农村改革走向新阶段的标志。"在具体措施上，他进一步分析指出："市场经济越发展，工业化程度越高，越需要加强对农业的保护和扶持。农业是社会效益大而效益比较低的产业，光靠市场调节不行，必须通过国家宏观调控加以扶持和保护，……引导二、三产业加强对农业的支持，逐步形成以工补农、以工建农、以工带农的机制。" "目前农村市场体系还很不健全……必须大力发展农业的社会化服务体系，发展贸工农一体化的产业经营方式，引导农民发展各种新的联合与合作，逐步建立和发展连接农户与市场的各种必要的中介组织。"

5. 重视解决农村贫困问题

江泽民同志指出中国大部分人口是农民，分布在农村。"没有农民的小康，就不可能有全国人民的小康。"农民富裕是全民富裕的基础，农村实现小康是全国实现小康的关键。因此，解决农村贫困问题关系重大，他提倡转变扶贫思路，解决农村发展问题。在扶贫方法上，他强调要有一个重大改变。从传统的救济式扶贫向开发式扶贫转变，把政府扶贫与全社会扶贫结合

---

① 中共中央文献研究室. 江泽民论有中国特色社会主义 专题摘编 [M]. 北京：中央文献出版社，2002：126-128.

② 中共中央文献研究室. 江泽民论有中国特色社会主义 专题摘编 [M]. 北京：中央文献出版社，2002：126-128.

起来。江泽民同志在 2001 年中央扶贫开发工作会议上讲道："坚持开发式扶贫的方针，就是贯彻邓小平同志关于发展是硬道理的重要思想，目的是解放和发展生产力……最重要的就是要不断增强贫困地区自我发展的能力。"

6.建设富裕民主文明的社会主义新农村

江泽民同志强调，只有物质文明与精神文明都搞好，经济社会协调发展，才是有中国特色社会主义新农村。党的十五届三中全会明确提出了建设"富裕民主文明的社会主义新农村"的宏伟目标。在社会主义新农村建设过程中，江泽民同志强调："扩大农村基层民主，保证农民直接行驶民主权利，是社会主义民主在农村最广泛的实践，也是充分发挥农民积极性、促进农村两个文明建设、确保农村长治久安的一件根本性的大事。要在农村基层实行民主选举、民主决策、民主管理和民主监督。……扩大农村基层民主，必须坚持党的领导，必须坚持依法办事，把握住了这两条就能够有领导、有秩序、有步骤地进行。"①

（四）胡锦涛同志的乡村发展思想

以胡锦涛同志为代表的中国共产党进一步在已有乡村发展思想的基础上，进行了结合实际、纵观全局、顺应趋势的统筹，提出了一系列新论断和新思想。

1.提出了全面、协调、可持续发展的科学发展观

胡锦涛同志在十六届三中全会上指出，"坚持以人为本，树立全面、协调、可持续发展的发展观，促进经济社会和人的全面发展。按照统筹城乡发展、统筹区域发展、统筹经济社会发展、统筹人与自然和谐发展、统筹国内发展和对外开放的要求。"为推进改革和发展，又进一步提出了"五个统筹"的任务和要求，从而完整、系统地提出了我们党的科学发展观。

2.提出"三农"问题是重中之重

中国共产党历届领导人都高度重视"三农"问题。胡锦涛同志继承了党的领导人高度重视"三农"问题的传统，在 2003 年初召开的中央农村工作会议上，胡锦涛同志指出，要把解决好"三农"问题作为全党工作的重中之

---

① 中共中央文献研究室.江泽民论有中国特色社会主义 专题摘编 [M].北京：中央文献出版社，2002：128-130.

重。胡锦涛同志在 2004 年 3 月 29 日主持学习时指出："要牢固树立和切实落实科学发展观，深刻认识加快农业发展的重要性，增强发展农业的自觉性和主动性，始终坚持农业基础地位不动摇，始终坚持加强、支持、保护农业不动摇，大力建设现代农业，切实巩固农业基础地位。"在联合国粮农组织亚太区域大会上的致词中，胡锦涛同志指出："农业是安天下的战略产业，对保证经济社会发展、改善人民生活、保持社会稳定，具有十分重要的基础性作用。"

3. 提出工农、城乡关系发展存在"两个趋向"

胡锦涛同志深入考察工农、城乡之间关系的发展史，在中央召开的十六届四中全会上指出工农、城乡之间关系发展存在"两个倾向"。他说："纵观一些工业化国家发展的历程，在工业化初始阶段，农业支持工业、为工业提供积累是带有普遍性的趋向；但在工业化达到相当程度以后，工业反哺农业、城市支持农村，实现工业与农业、城市与农村协调发展，也是带有普遍性的趋向。"在 2004 年 12 月召开的中央经济工作会议上，胡锦涛同志再次强调："我国现在总体上已达到了以工促农、以城带乡的发展阶段。我们应当顺应这一趋势，更加自觉地调整国民收入分配格局，更加积极地支持'三农'发展。""两个趋向"的重要论断是对马克思主义经典作家和三代中央领导集体关于工农、城乡关系思想的重大发展，为我国新时期实行工业反哺农业、城市带动农村、制定新的"三农"工作思路、新的"三农"政策措施、解决"三农"问题、促进"三农"发展，奠定了重要的思想理论基础。

4. 提出推进社会主义新农村建设的重大历史任务

在建设社会主义新农村问题上，胡锦涛同志发展了江泽民同志的指导思想，并在党的十六届五中全会上强调指出要按照"生产发展、生活宽裕、乡风文明、村容整洁、管理民主"的要求，扎实稳步推进农村经济建设；要求全党"坚持以发展农村经济为中心任务，同时协调推进农村经济建设、政治建设、文化建设、社会建设和党的建设，着力解决广大农民生产生活中最迫切的实际问题，让农民真正受益；坚持农村基本经营制度，在实践中推进农村各方面制度的创新发展，为社会主义新农村建设提供强有力的制度保障；坚持从实际出发，尊重农民意愿，科学规划，因地制宜，分类指导，不强求一律，不盲目攀比，不搞强迫命令，更不能搞形式主义；坚持充分发挥各方面的积极性，使社会主义新农村建设成为全党全国的共同行动。"推进建设社会主义新农村，深刻反映了落实科学发展观与构建和谐社会的时代要求和时代特征，集中代表了亿万农民群众的强烈愿望和根本利益。

5.强调城乡共同繁荣，促进城镇化健康发展

城镇化是经济社会发展的必然趋势，也是工业化、现代化的重要标志。胡锦涛同志提出要坚持大中小城市和小城镇协调发展，逐步提高城镇化水平。他指出，我国人口多、底子薄，发展很不平衡，必须贯彻落实科学发展观，坚持走中国特色的城镇化道路。胡锦涛同志强调，在实施城镇化的过程中，要"坚持统筹城乡发展，充分发挥城市对农村的辐射和带动作用，充分发挥工业对农业的支持和反哺作用，逐步建立有利于改变城乡二元经济结构的体制，稳定、完善和强化对农业的支持政策，加快农业和农村经济发展，努力实现农民收入稳步增长，促进城乡良性互动、共同发展"①；要"坚持统筹城乡发展，在经济社会发展的基础上不断推进城镇化，可以加强城乡联系，在更大范围内实现土地、劳动力、资金等生产要素的优化配置、有序转移农村富余劳动力，实现以工促农、以城带乡，最终达到城乡共同发展繁荣"②。

6.强调通过改革和科技提高粮食综合生产能力

胡锦涛同志全面继承了三代中央领导集体的思想，强调从传统农业向现代农业转变既要靠政策、靠改革、靠调动广大农民的积极性，又要靠科学技术。从长远和根本上说，要开辟我国农业发展的广阔前景，关键在于农业科技进步。为此要大力推进农业科技进步，加强对农民的技术指导和培训，充分发挥科技对粮食增产、农民增收的巨大推动作用；强调采取更加有力的措施，加强对基本农田的保护和建设，加强对粮食生产的扶持力度；强调坚持把增加农民收入作为农业和农村工作的中心任务，坚持多予、少取、放活的方针，建立健全促进农民收入持续增长的长效机制。

胡锦涛同志提出："积极发展高附加值农业，开拓国内外农产品市场，促进农民收入尤其是种粮农民收入有较快增长。"强调大力推进农业和农村

---

① 本书编写组.科学发展观学习手册[M].北京：中国言实出版社，2007：112-113.

② 本书编写组.科学发展观学习手册[M].北京：中国言实出版社，2007：113-114.

经济结构的战略性调整，加大对农村基础设施建设的投入，拓展农村富余劳动力转移的渠道，坚持不懈地抓好农村扶贫开发工作，加快农村各项社会事业发展，不断推进增加农民收入目标的实现。

（五）习近平同志的乡村发展思想

以习近平同志为代表的中国共产党对"三农"问题极为关注，并为做好"三农"工作提出了许多新思想、新理念和新论断，这些思想均是着眼于中国社会经济发展大局及未来，是高屋建瓴的引导性顶层设计。

1.准确把握"三农"问题的科学内涵

在对"三农"问题的论述之中，习近平同志最系统和鲜明的就是"三个必须""三个不能""三个坚定不移"。在 2013 年中央农村工作会议上，习近平同志提出："中国要强，农业必须强；中国要美，农村必须美；中国要富，农民必须富。""三个必须"通过论述"三农"强、美、富与国家强、美、富之间的关系，指出"三农"问题是关系中国特色社会主义事业发展的根本性问题，是关系党巩固执政基础的全局性问题，也是对"三农"工作基础性地位的总把握。

2015 年 7 月，习近平同志在吉林调研时指出："任何时候都不能忽视农业、不能忘记农民、不能淡漠农村。""三个不能"从历史维度审视"三农"发展规律，表明了在任何时期、任何情况下都始终坚持强农惠农富农政策不减弱，推进农村全面建成小康社会不松劲的决心和态度，明确了党在经济上保障农民物质利益、在政治上尊重农民民主权利的宗旨使命。

2016 年 4 月，习近平同志在安徽凤阳县小岗村召开的农村改革座谈会上强调："要坚定不移深化农村改革，坚定不移加快农村发展，坚定不移维护农村和谐稳定。""三个坚定不移"从全局角度明确了"三农"工作重点，在关键时期释放了党中央高度重视"三农"工作的强烈信号，表明了党坚定深化农村改革、加快农村发展、维护农村和谐稳定的政策目标，既是加快农村改革的响鼓重槌，也是推进"三农"发展的必由路径。

这三个方面的论述虽各有侧重，但主题一致、相辅相成，既有着眼长远的战略判断又有立足当前的政策部署，既有理论的继承和创新又有实践的总结和发展，既有历史经验又有现实思考。这些思想进一步丰富和发展了党的

"三农"思想，集中体现了党对农业农村改革发展稳定的坚定自信和对亿万农民群众的责任担当，是指导新时期"三农"工作的强大思想武器。

2.明确解决"三农"问题的重大意义

习近平同志的"三农"思想，集中体现了党对新时期"三农"工作的战略部署。贯彻落实习近平总书记的"三农"思想，关系党和国家事业全局，关系农业农村改革发展前景。

解决"三农"问题是正确把握基本国情的必然选择。食为政首，农为邦本，"三农"的战略地位是由我国经济社会发展实际情况决定的。虽然近年来中国农业现代化步伐不断加快，农产品供应极为充足且农民收入持续增长，但同时我国农业基础还依旧较为薄弱，农村发展较为滞后，农民收入依旧不高。做好"三农"工作，关乎城镇化战略顺利推进，关乎内需的有效拉动，关乎全面小康社会能否如期建成。习近平同志的重要论述始终从全局论"三农"，处处体现了人口大国、发展中大国的基本立足点，体现了对基本国情的深刻把握。

解决"三农"问题是实现中华民族伟大复兴中国梦的客观要求。改革开放以来，我国以世所罕见的发展速度取得了举世瞩目的成就，我们从未像今天这样接近实现中华民族伟大复兴的目标。实现中国梦，基础在"三农"。习近平同志指出，没有农业现代化，没有农村繁荣富强，没有农民安居乐业，国家现代化是不完整、不全面、不牢固的。中华民族的伟大复兴不能建立在农业基础薄弱、大而不强的地基上，不能建立在农村凋敝、城乡发展不平衡的洼地里，不能建立在农民贫困、城乡居民收入差距扩大的鸿沟间。现在经济社会发展各种矛盾错综复杂，稳住农村、安定农民、巩固农业，我们就下好了先手棋，就做活了经济社会发展大棋局的"眼"。只有坚持狠抓"三农"，才能把握发展的主动权。

解决"三农"问题是落实党的宗旨、巩固党的执政基础的重大任务。习近平同志强调，党中央的政策好不好，要看乡亲们是笑还是哭。如果乡亲们笑，这就是好政策，要坚持；如果有人哭，说明政策还要完善和调整。把实现好、维护好、发展好广大农民群众的根本利益作为做好"三农"工作的出发点和落脚点，是贯彻好党的根本宗旨的重要体现。党成立一百多年来，正是由于在不同时期都能正确处理农民问题，使广大农民拥护党、跟党走，才从一个胜利走向又一个胜利。只有通过不断改革，让农业强起来、让农村美起来、让农民富起来，农民群众才会更加拥护党，才会紧密团结在党的周围，才能不断巩固党长期执政的基础。

解决"三农"问题是做好新时期"三农"工作的基本遵循。当前我国农业处于转型升级的关键时期，面临发展方式相对粗放、资源环境约束趋紧、主体素质总体偏低、结构性矛盾比较突出等问题。无论从农业农村的重要地位，还是从我国"三农"发展的现状看，任何时候都不能放松"三农"工作。习近平同志关于"三农"问题的系列重要论述，继承丰富发展了党的重农强农战略思想，明确了新时期我国"三农"工作的主攻方向和工作基调，对于做好新时期"三农"工作产生了巨大推动作用。

3. 提出要扎实推进农业农村改革发展

贯彻落实习近平同志的"三农"思想，就要坚持以新发展理念为指导，把推进农业供给侧结构性改革作为农业农村工作的主线，把"三农"工作紧紧抓在手上，加快补齐"三农"短板，培育农业农村发展新动能，巩固发展农业农村好形势，服务改革发展稳定大局。

要牢牢把握推进农业供给侧结构性改革的主线，不断开创农业发展新局面。推进农业供给侧结构性改革，是以习近平同志为核心的党中央准确研判"三农"发展形势作出的重大战略决策，反映和顺应了我国农业发展的阶段变化和内在要求。农业供给侧结构性改革既突出发展农业生产力又注重完善农村生产关系，是破解当前农业供需结构失衡的有效办法，是提高农业综合效益和竞争力的必然选择。只有紧紧围绕中央经济工作会议和中央农村工作会议的战略部署，从生产端发力，把增加绿色优质农产品供给放在突出位置，用改革创新的办法调整优化农业要素结构、产品结构、技术结构、区域结构和主体结构，着力完善现代农业经营体制，大力发展绿色农业，从整体上提高农业供给体系的质量和效益，才能使农业供需关系在更高水平上实现新的平衡。

要加快构建"三大体系"，推进农业现代化建设，让农业强起来。习近平同志指出，推进农业现代化，要突出抓好加快建设现代农业产业体系、现代农业生产体系、现代农业经营体系三个重点。当前，要以构建"三大体系"为抓手，推动种植业、畜牧业、渔业、农产品加工业等转型升级，努力向现代农业迈进。要推进产品创新、科技创新、制度创新和管理创新，调优调高调精农业产业，促进粮经饲统筹、农林牧渔结合、种养加一体、一二三产业融合发展，使农产品数量更均衡、质量更优更安全；要强化物质条件支撑能力建设，提高农业良种化、机械化、科技化、信息化、标准化水平，提高农业的产业素质和竞争力；要培育农业新型经营主体，健全农业社会化服务体系，加强新型职业农民培训，发挥适度规模经营的引领作用，提高农业经营集约化、专业化、组织化、社会化水平。

要加强新农村建设，加快推进城乡发展一体化，让农村美起来。习近平同志指出，要深入推进新农村建设，推进城乡公共资源均衡配置和基本公共服务均等化，全面改善农村生产生活条件，为农民建设幸福家园和美丽宜居乡村。要把社会主义新农村建设放到城乡一体化进程中统筹谋划，加大对农村的支持力度，推动新型城镇化与新农村建设"双轮驱动"；要促进城镇化和新农村建设协调并进，发挥好城镇化的带动作用，强化新农村建设的产业支撑，加快推动城镇公共基础设施向农村延伸、基本公共服务向农村覆盖，提高农村公共服务水平；要推进农业面源污染和乡村环境治理，积极推进农业绿色生产，大力开展农村人居环境整治行动和美丽宜居乡村建设，统筹治理农业面源污染、生活垃圾污染和工业污染；要加强农村社会治理和文化传承，注重保护和传承农业文明和乡村文化，不断创新和完善乡村治理机制，把农村真正建成乡风文明、管理民主、和谐安定的幸福家园。

要促进农民收入持续较快增长，坚决稳固脱贫攻坚战成果，让农民富起来。习近平同志强调，要不断缩小城乡居民收入差距，让广大农民尽快富裕起来，必须以更大的决心、更明确的思路、更精准的举措、超常规的力度，众志成城巩固脱贫攻坚成果。要多措并举，大力推进农业产业扶贫，在贫困地区发展符合当地资源特色、市场竞争力强、回报效益高的绿色产业，使农业特色产业成为农民脱贫的重要支撑；要坚持和完善农村基本经营制度，完善农村土地所有权、承包权、经营权"三权分置"办法，优化土地资源配置，充分释放农村土地制度改革的增收红利，坚持推进农村集体产权制度改革，让广大农民更多分享财产性收入；要建立保障更加充分的社会安全网，加强对农村贫困人口尤其是缺乏劳动能力家庭的社会保障补贴，建立起农村贫困家庭收入可持续增长机制，确保亿万农民共同迈入全面小康社会。

第二章　导向·乡村治理体系建设历程分析

中国乡村治理体系的建设，是以中国行政体制改革为背景，以乡村改革为路径，以"三治合一"乡村治理体系为手段逐渐完善和发展起来的，以下从背景、路径和手段三个角度来分析乡村治理体系建设的具体历程。

第一节　背景：中国行政体制改革的历程

党的十八大以来，将坚持和完善中国特色社会主义制度，推进国家治理体系和治理能力的现代化发展，确定为中国全面深化改革的总目标。社会治理的核心基石在基层，即乡村治理，这是社会治理的重点，同时也是社会治理的难点。为了加强和改善乡村治理，党的十九大提出要加强农村基层基础工作，建立健全的乡村治理体系，这是中央在总结、探索和规划基础上作出的全新部署，是根据中国乡村治理现状提出的新要求，也是实现乡村振兴的核心基础。要对乡村治理体系建设的历程进行分析，前提就要了解其形成的背景，即中国行政体制改革的历程和发展。

一、中国行政体制改革的背景和历程

马克思和恩格斯创立的经济基础和上层建筑理论中，阐明了两者之间的关系：经济基础决定上层建筑，上层建筑反作用于经济基础。即经济基础是上层建筑赖以存在的根源，而上层建筑是经济基础在政治和思想方面的表现。行政体制是国家体制中非常重要的组成部分，就属于上层建筑的范畴，因此受到国家经济基础的影响。

（一）行政体制改革的背景

中国行政体制改革受到两方面内容的影响，其一是中国不同历史阶段、不同国情状况、不同现实需要的影响；其二则是国际行政改革理论与实践成果的影响。

从中华人民共和国成立之后到改革开放前，中国确立了社会主义国家性质，为了发展经济则确立了计划经济体制。在这样的背景下，中国的行政体制自然需要契合需求，首先构建了与国家性质相适应的行政管理模式，之后则创建了与计划经济体制相匹配的行政体制。进入 20 世纪 70 年代，国际形势开始出现明显变化，原本战争与革命的世界形势逐步逝去，资本主义国家利用第三次科技革命的新成果，推动经济快速得到发展，各国开始将重心投入国家内经济的发展和提高。

20 世纪 70 年代末，中国所建立起来的高度集中的计划经济体制已经严重阻碍了中国生产力的发展。为了释放生产力，中国需要一次经济革命。全党工作的重点都开始向社会主义现代化建设转移，在这样的背景之下，1978年，以十一届三中全会为起点，中国进入改革开放和社会主义现代化建设的新时期。改革开放的历史序幕被拉开，原本适应计划经济体制的行政体制不再适合，为了适应经济体制改革的要求，行政体制改革也被提上日程，自此拉开了中国行政体制改革的道路。

与中国改革开放并行的是国际行政改革理论的发展和对应的实践成果，比如，相继出现了公共选择理论、公共治理理论、新公共管理运动等政府行政改革理论。美英法等老牌资本主义国家在这些理论的指导下，国家发展均取得了很大的成功。其中较具代表性的成功实践方法有四个：一是将政府职责厘清，政府专注于法律制度的制定、执行和监督，而社会事务由社会自身承担；二是缩小政府的行政范围，实行区域分权和权力下放，政府起引导作用；三是政府挖掘市场和社会的力量，引导市场和社会推行公共服务的市场化和社会化；四是政府引入现代化管理技术，实现政府行政管理的现代化，推动市场和社会的管理现代化。由于不同国家的国家性质不同，政治背景、历史、文化等元素也有不同，所以其行政体制的改革路径并不相同，但国际上各个国家行政体制改革的理论和实践方法，却依旧对中国行政体制改革具有积极的启发意义和借鉴意义。

（二）中国行政体制改革的具体历程

在改革开放和国际行政体制改革理论与实践的影响下，中国行政体制改革也被提上了日程。改革开放至今四十多年的时间里，中国行政体制进行了多次重大改革，可以将其大体分为四个阶段。

1. 第一阶段：精简机构、人员分流、转变职能

第一阶段是从1978年到1992年，行政体制改革的主要任务是要打破高度集中的计划经济体制之下形成的行政管理模式，并对建立完善的中国特色社会主义行政体制进行契合时代背景的探索。

1978年12月中国开始走上改革开放的道路，尝试对中国已形成的计划经济体制进行全方位的改革，并试图将经济体制转移到市场经济体制上。整个第一阶段共进行了两次集中的行政体制改革。改革开放后行政机构得到了极大的扩充，因为改革开放刚刚起步，政府需要管理的内容越来越多，造成了机构数量增长极为迅速，到1981年国务院部门甚至增加到了100个。在这样的背景下，1982年第一次行政体制改革开始集中进行，改革重点是进行机构精简，国务院部门从100个减少到了60个，并开始尝试探索政府职能的转变。

虽然经过第一次行政体制改革，机构数量得到了精简，但因为当时经济体制依旧处于探索和尝试阶段，行政部门为了顺畅管理各种事务工作，机构的数量很快再次膨胀。而经过一段时间的探索和尝试，1984年10月党的十二届三中全会中确认了中国社会主义经济是公有制基础上的有计划的商品经济，并确立了全面进行经济体制改革的纲领性文献。在经济体制改革的同时，也倒逼着行政体制必须进行改革。结合中国行政体制现状，1988年行政体制改革正式提出"转变政府职能才是机构改革的关键"这一命题，开始将改革重点转向以政企分开为原则，转移工作重点、转变工作职能、理顺工作关系、进行人员分流，下放直接管理职能从而激发经济社会自身的活力，释放社会生产力并促进其发展，以提高工作效率。第一阶段的两次行政体制改

革确定了转变政府职能进行改革是基本要求和标准，方向明确但当时政府的职能定位并不够明确，所以更多的是尝试和探索。

2. 第二阶段：明确政府职能定位、减少干预微观经济

第二阶段是从 1993 年到 2002 年。1992 年中国正式废除了计划经济体制，初步建立了符合中国国情的社会主义市场经济体制。为了适应经济体制改革，行政体制改革迫在眉睫。此阶段的两次改革分别在 1993 年和 1998 年。

第一次改革是为了适应社会主义市场经济发展的需要，改革重点是加强政府部门的宏观调控职能和监督职能，减少对微观经济的干预，同时针对市场经济的需求建立了细致划分的专业经济部门。此次行政体制改革同样对机构和人员进行了精简，再次进行了职能下放，也初步完成了职能定位的明确，即注重政府的经济职能。第二次改革是在 1998 年，随着市场经济的快速发展，政府所建立的细致划分的专业经济部门成了阻碍市场经济发展的结构障碍，于是此次改革的主要任务是破而后立，政府一次性撤销了几乎所有工业专业经济部门，从而在根本上破除了政企部分的组织架构模式，释放了市场活力，推动了市场经济的发展。整个第二阶段的行政体制改革重点是明确政府职能并转变职能，推进政企分化，从而明确部门职权、理清权责关系，通过对市场经济情况的分析再次精简机构，处理好政府和市场之间的关系，初步建立起适应社会主义市场经济体制要求的行政体制。

3. 第三阶段：建设服务型政府，深化行政体制改革

第三阶段是从 2003 年到 2012 年。随着中国市场经济发展需求不断提高，行政体制已经无法适应其需求，于是分别在 2003 年和 2008 年进行了两次改革。第一次改革是在 2003 年。2001 年中国加入 WTO，快速发展的市场经济需求越来越高，原有的政府审批监管模式已经无法对其进行满足；2003 年"非典"的爆发，突出了政府在社会危机管理方面的薄弱，两相结合之下，政府开始重视市场监管职能、社会管理职能和公共服务职能。改革的重点也开始偏向完善政府的职能体系。随着经济的快速发展，民众生活水平逐渐提升，民众对公共服务的需求也越来越高，而对应的公共服务供给根本无法满足民众，因此在 2008 年行政体制进行了第二次改革。此次改革的重点为建设服务型政府，提出的八项改革重点任务中有五项和社会管理及公共服务相关。

第三阶段的行政体制改革，政府对自身职能的定位更加清晰，开始围绕公共服务体系的建设来转变政府的职能，并明确了公共服务在政府职能中的核心地位，从而推动建立服务型政府；同时，在第二阶段改革的基础之上，进一步推进了政企分开，划清政企权力界限的措施，以实现政府责权法定化，从而规范和约束政府的行为。

4. 第四阶段：推进"放管服"改革，优化职能促进治理现代化

第四阶段从 2013 年开始，分别在 2013 年和 2018 年进行了两次行政体制改革。第一次的主要任务是推进简政放权（放）、放管结合（管）、优化服务和统筹（服），开始对行政体制进行纵向深入改革，其目的是以深入改革来深层次处理好政府与市场之间的关系，以及政府与社会之间的关系。第二次改革依旧是以推进"放管服"改革为重点，旨在根据社会需求和市场需求转变政府职能。不过与第一次不同的是，第二次改革提出了要完善国家治理体系、推动治理能力现代化的改革需求，这也为未来一段时间行政体制改革提供了方向和目标。[①]

二、中国行政体制改革的历程分析

从以上中国行政体制改革的历程来看，自改革开放之后，中国围绕着社会经济需求、民众需求、政府职能转变等方面进行了一系列行政体制改革，使得行政机构的设置越来越合理也越来越稳定，而政府职能也越来越清晰且发挥的作用越来越明显。

（一）中国行政体制改革的主要成果

经过改革开放后四十多年的行政体制改革，中国已基本建立了与社会主义市场经济体制相适应的行政体制，且其对中国社会经济的推动作用已经卓有成效，历经多次多阶段的改革主要成果包括以下内容。

一是确立了以人民为中心的改革取向。宪法明确规定："一切国家机关和国家工作人员必须依靠人民的支持，经常与人民保持密切的关系，倾听人

---

① 马洪晶. 中国行政体制改革的动力、历程及启示 [J]. 中共伊犁州委党校学报，2021（2）：74-77.

民的意见和建议，接受人民的监督，努力为人民服务。"改革开放40年来，中国行政体制改革的重要内容就是对"以人民为中心"改革取向的不断确认、强化和发展。

二是铸造了以发展为导向的改革品格。改革开放伊始，面对生存和发展的巨大挑战，我国确立了"发展是第一要务""发展是硬道理"等发展观，并迅速形成了共识、付诸实践。生产力的巨大发展，综合国力的迅速提升，人民生活水平的持续改善，行政体制的改革起到了重要的推动和保障作用。

三是建立了适应市场经济体制的职能体系。正确处理政府与市场关系，是改革开放40年来中国行政体制改革的主线和核心。经过40年的改革，我国建立了与市场经济体制相适应的职能体系，政府职能向创造良好发展环境、提供优质公共服务、维护社会公平正义转型基本实现。

四是优化了政府职能和组织框架。通过40年的持续改革，初步形成了放权与协同的治理格局。如通过政企分开，企业成为自主经营、自负盈亏的市场主体；通过政事分开，激发了事业单位的活力；通过政社分开，促进了社会组织的健康发展；通过赋权地方，调动了地方政府改革发展的积极性。

五是形成了民主参与的政府治理模式。民主参与的政府治理主要表现在：建立政务公开制度，保障了人民的知情权，强化了阳光政府建设；建立民主参与决策和政策制定的制度，有利于保障决策和政策的科学合理与有效实施；城市社区居民自治和农村村民自治制度的确立和实施，有利于调动社区居民和村民的积极性，建设和谐社区。

六是推进了法治政府和廉洁政府建设。经过40年的改革，法治政府和廉洁政府建设格局基本形成。主要表现为：建设法治国家和法治政府已成为国家的基本方略；制定了相关规划、实施策略和法律制度；推进了行政执法体制改革；改革审批制度，压缩政府权力寻租空间，铲除腐败滋生土壤，为廉洁政府发展奠定了良好基础。

（二）中国行政体制改革的实践启示

通过梳理中国行政体制改革的历程，我们可以发现不仅在实践过程中积累了很多宝贵的经验，也拥有一定的不足。

从经验角度来看，首先，中国行政体制改革要始终坚持和加强党的全面领导，坚持党的领导贯穿整个国家行政体制改革的全过程，需要统筹党政机构的职能体系，并加强党的纪律检查和国家监察体制，从而确保党的领导方针能够真正落实。[①] 其次，要始终坚持历代领导人所总结的科学理论指导体系引领，遵循上乘建筑必须与经济基础相适应的基本原理，从而科学地进行行政体制改革，推动中国的快速健康发展。再次，要坚持学习借鉴和中国国情相结合，并聚焦政府职能转变来深化改革。改革过程中不仅需要研究国际上公共治理理论体系的成果，还需要结合中国国情和历史文化，乃至各地域的特点，因地制宜地进行分类指导，完成公共服务型政府的行政体制改革。最后，要坚持执政为民、以人为本的改革理念，着力解决人民群众所忧心的突出问题，推动人民实现美好生活；同时要广泛听取人民群众的意见，通过更多渠道更多方式来分析民众最迫切想要解决的问题，实现民之所想、施政所向的目标。

从不足角度来看，中国行政体制改革面对新时代新任务所提出的新要求，尤其是乡村振兴战略需求下的"五位一体""四个全面"布局，还无法完全适应。一些行政机构设置和职能配置不够健全，职能划分不够科学，职能转变还不够到位；一些行政和党政机构存在职能交叉、权责脱节现象；基层行政机构设置和权力配置尚需完善，服务群众的能力和意识需要进一步提高；监督机制和制约权力机制尚不够完善，依旧存在执行效率低、完成效果差的现象；行政机构的整体编制尚缺乏一定的规范化、法定化和科学化，管理方式创新性低等。

最为明显的不足就是行政体制改革还无法实现国家治理现代化的要求，这主要是因为政府职能体系、行政管理体系、国家治理体系尚未做到位，因此需要在已有的成绩基础上，继续以推进"放管服"改革、完善和优化职能体系和治理体系为目标进行深化改革。

首先，需要继续推进简政放权，缩减审批流程和形式，明确行使权力机构和人员承担的责任，做到每项权力拥有明确指向。比如，积极推动机构编制法定化，依法管理各组织机构，增强"三定（定部门职责、定内设机构、定人员编制）"规定，推行部门权责清单制度，以实现权责和"三定"有机

---

① 吕芳. 回顾与反思：中国行政体制改革40年 [J]. 中央社会主义学院学报，2019（5）：85-92.

衔接，从而规范和约束履职意识及行为。同时政府要继续弱化对相关市场经济的干预，以求最大化释放市场活力。在此过程中，要勇于创新，紧密结合实际情况，简政放权达成以民为本让惠于民的目标。

其次，需要加强监管力度和完善监督体系，成为整个市场的后盾保障，营造公平的市场环境，以确保市场能够有序发展、公平竞争。要积极践行"双随机、一公开"的市场监管模式，从根源遏制人情监管，提高监管的公正性和公平性，做到市场环境绿色健康。

再次，需要创新服务方式，提升服务质量，以达成行政体制改革的最终目的。作为服务于民的服务型政府，要着力于发挥信息时代的科学技术手段，实现线上线下双线服务，并优化服务质量、提升办事效率，真正做到关注于民、服务于民。

最后，要深化行政执法体制改革，满足依法行政的迫切需求，从而为国家治理体系和治理能力现代化的实现打下坚实的基础。其中包括行政执法公示制度、执法全过程记录制度、规范行政执法行为和重大执法决定法治审核制度等，都需要在专业执法的基础上，结合综合执法来提高行政执法能力和专业度，并通过在编人员定期培训考试制度来不断加强队伍建设，实现行政执法体制的深化改革。①

第二节　路径：乡村改革的发展历程

1978 年 12 月 18 日至 22 日，党的十一届三中全会召开，此次会议最终作出了将党的工作重点转移到社会主义现代化建设上，并正式实行改革开放决策，中国进入社会主义现代化建设新时期。在党的十一届三中全会召开之前，即改革开放决策确定之前不足一个月的时间内，中国农村改革的序幕也被揭开。其源头是安徽省凤阳县小岗村，在 1978 年之前小岗村是凤阳县很有名的三靠村，即吃粮靠返销、用钱靠救济、生产靠贷款。

① 宋世明. 中国行政体制改革 70 年回顾与反思 [J]. 行政管理改革，2019（9）：30-45.

为了摆脱这种入不敷出、食不果腹的现状，1978 年 11 月 24 日，小岗村的 18 户农民以敢为天下先的胆识搞起了生产责任制，并按下了他们的 18 个手印。自这一天开始，乡村改革紧随改革开放的步伐，开启了数十年的改革发展历程。安徽省凤阳县小岗村成了中国乡村改革的发源地。可以说，在关乎整个国家命运和前途的历史关头，中国的乡村改革和中国的改革开放决策，从代表基本民生的农民群体到代表国家走向的领导人，在同一时间共同翻开了中国历史上新的一页。这是历史的巧合，也是历史的必然。

一、中国乡村改革发展历程

自 1978 年乡村改革的序幕被揭开，至今已经经历了四十多年的时光。综合数十年来乡村改革的发展，可以将其分为五个大阶段，这五个阶段和改革开放的推进相辅相成并相互影响，也是以中国行政体制改革为大背景进行的细化、推进和调整。

（一）第一阶段：乡村改革的探索和突破

乡村改革的第一阶段是从 1978 年到 1983 年，处于探索和突破阶段，主要改革方向是从农村的基本经营制度着手，通过废除人民公社体制，初步形成和基本确立了乡村家庭联产承包责任制，实现了乡村改革的突破性进展。1978 年改革开放决策实行后，国民经济开始进入调整时期。1979 年 9 月的中共十一届四中全会上通过了《中共中央关于加快农业发展若干问题的决定》，正式从政策方面允许农民在国家统一计划指导下，因事因地制宜地推行乡村改革，以保障农民的经营自主权，发挥农民的生产积极性。

1980 年 9 月，中共中央下发了《关于进一步加强和完善农业生产责任制的几个问题》，肯定了乡村改革进程中包产到户的社会主义性质，乡村开始试行家庭联产承包责任制。1982 年，改革开放之后第一个关于"三农"工作的中央一号文件正式出台，即《全国农村工作会议纪要》。其中明确指出了乡村所实行的各种责任制，包括小段包工定额计酬，专业承包联产计酬，联产到劳，包产到户、到组，包干到户、到组等，都是社会主义集体经济的生产责任制。自此，我国正式从政策层面确立了家庭联产承包责任制是乡村农业主要的生产方式，开启了以公有制为主体，多种所有制经济共同发展的全新农业格局，并在 1983 年，正式在全国范围内推广家庭联产承包责任制。

在乡村改革的第一阶段，不仅正式确立了乡村家庭承包经营制度，还从行政体制改革方面实行了政社分开，建立乡镇人民政府，并发展扶持乡镇企业的制度，初步完成了乡村基本经营制度的改革。

（二）第二阶段：乡城互动的稳步推进

乡村改革的第二阶段是从 1984 年到 1991 年，这是乡村改革的稳步推进阶段。自 1982 年乡村家庭承包经营制度的确立到 1983 年乡村家庭联产承包责任制的全面推广，中国经济格局发生了巨大变化，于是在 1984 年正式启动了城市经济体制改革。在此阶段，乡村改革的主要方向是通过乡城互动来实现农村商品流动，促进农业支持工业、农村支持城市的发展格局，促进农村劳动力转移，从而加强乡城要素流动和互动。

（三）第三阶段：市场经济体制推动下的乡村改革

乡村改革的第三阶段是从 1992 年到 2000 年。1992 年，中国共产党第十四次全国代表大会召开，确立了建设中国特色社会主义理论在全党的指导地位，并明确了经济体制改革的目标是建立社会主义市场经济体制。

随着经济体制改革方向的明确，乡村改革重点也开始转向建立社会主义市场经济体制。此阶段初步建立了农产品市场体系，乡镇企业也开始得到支持和发展，稳定和完善了乡村基本经营制度。通过深化农产品流通体制改革，有意识地调整农村产业结构，同时推动乡镇企业进行体制创新，继续促进乡村劳动力转移，以支持城市经济体制改革和发展。1999 年之后，乡村改革开始向纵深推进，农业政策开始以减轻农民负担、提高农民收入、促进农业发展、保护农业生产为主要特征。2000 年，中央明确了要对现行的农村税费制度进行改革，以进一步推进利民农业政策的实施。在第三阶段，乡村改革获得了极大的成果，农业综合生产能力得到了全面提高，同时农产品的供给实现了从原本的短缺向供求平衡及丰年有余的状态转变，这为农业和农村经济的发展进入新阶段奠定了坚实的基础。

（四）第四阶段：基于"三农"问题的城乡统筹

乡村改革的第四阶段是从 2001 年到 2011 年。2000 年之后，"三农"问题开始显露，为了解决"三农"问题并推动乡村发展，中央在 2000 年明确对农村税费制度进行改革后，正式自 2001 年开始逐步在部分省市进行试点。

农村税费制度改革主要内容为三取消、两调整、一改革。三取消：取消乡统筹和农村教育集资等专门向农民征收的行政事业性收费等；取消屠宰税；取消统一规定的劳动积累工和义务工。两调整：调整现行农业税政策；调整农业特产税政策。一改革：改革现行村提留征收使用办法。表面来看，农村税费制度改革只是在减轻农民负担，其实该改革的真正实质是根据社会市场经济发展的需求，再次规范国家、集体和农民之间的分配系统，因此属于国家层面分配领域的重大改革。

可以说，随着国家对"三农"问题的关注，自 2001 年开始中国经济社会发展正式进入了"工业反哺农业、城市支持农村"的全新阶段。2004 年，中央发布关于"三农"工作的一号文件，要求通过强化、稳定和完善各项支持农村的政策，实现农民收入较快增长；2006 年，实行在全国范围内全面取消农业税；为了巩固农村税费改革的成果，2007 年党的十七大报告中提出，要统筹城乡发展，推进社会主义新农村建设总体发展思路，并在中央十七届三中全会出台了《中共中央关于推进农村改革发展若干重大问题的决定》这一政策。

乡村改革的第四阶段将解决"三农"问题提上了日程，是中国在全面建设小康社会目标基础上作出的又一个重大战略决策。其改革重点是依托行政体制改革转变政府职能，以此推动乡镇机构的改革，健全农村的土地管理制度，同时创新农村金融制度深化粮棉流通体制改革，落实教育经费保障机制来推进农村义务教育改革，旨在优先化解农村基层矛盾较为集中的问题，推动城乡发展一体化制度的建立。这些改革决策推动了农业产业结构进一步优化，同时推动了农村更加稳定、农民收入大幅增长等，为全面建成小康社会奠定了基础。

（五）第五阶段：实施乡村振兴战略

乡村改革的第五阶段是自 2012 年至今。2012 年 11 月，中国共产党第十八次全国代表大会上，根据国内外形势的新变化，对"全面建设小康社会"的奋斗目标进行了充实和完善，调整为"全面建成小康社会"的奋斗目标。并开始将解决好"三农"问题作为全党工作的重中之重，连年出台了多项中央一号文件，并制定出台了一系列乡村改革相关的重大举措。

2012 年中共中央、国务院印发的《关于加快推进农业科技创新持续增强农产品供给保障能力的若干意见》，总体要求是加大强农惠农政策，促进农民较快增收，并努力维护农村社会的和谐稳定发展。按照全面建成小康社会、分两个阶段实现第二个百年奋斗目标的国家战略安排，2017 年中央农村工作会议明确了实施乡村振兴战略的目标任务，即 2020 年基本形成乡村振兴的政策体系和制度框架，到 2035 年基本实现农业农村现代化，到 2050 年全面乡村振兴，完全解决"三农"问题。2018 年为了落实党的十九大要求，中央一号文件对实施乡村振兴战略的目标和任务进行了全面部署，开始全面推进乡村振兴战略，并为农业农村现代化奠定了坚实的基础。

二、中国乡村改革发展分析

通过对以上四十多年五个阶段的乡村改革发展历程进行梳理，可以将整个发展历程看作两个较主要的改革方向，这也初步构建了乡村改革较为完善的制度框架体系。

（一）乡村改革方向分析

第一个改革方向是前三个阶段（1978—2000 年），总体而言这是以农业支持工业、以农村支持城市发展的改革方向，也是乡村开始以联产承包责任制为主要形式的经济改革方向。此改革方向不仅推动了乡村经济的发展，也为农业支持工业、乡村支持城市的主要发展模式提供了坚实的动力基础和经济源泉。但是随着工业快速崛起，城市飞速发展，以国有企业为核心的改革发展以及科技的进步，在为城市带来巨大发展前景和为国家经济带来飞速推动的同时，"三农"问题开始显露并受到广泛关注。

第二个改革方向是后两个阶段（2001 年之后）。进入 21 世纪，整个中国的经济已经拥有了极大的提高，但相对而言工农差距和城乡差距也开始凸显。此后乡村改革的方向开始出现转变。总体而言是以工业反哺农业、城乡发展一体化来全面推动乡村发展的改革方向，也是全面建成小康社会总体目标之下形成的全面深化改革方向。此改革方向旨在实现农业和工业相辅相成共同进步和发展，城乡融合发展，加快推进农业农村现代化，完成乡村全面振兴，最终实现全面建成小康社会及全面建设社会主义现代化国家的历史重任。

（二）乡村改革构建的制度框架体系

自1978年乡村改革正式拉开帷幕，已有四十多年的历史。在整个过程中，乡村改革已经初步构建了较为完善的制度框架体系，其中包括十项比较重要的制度。

一是建立了农村基本经营制度，并通过不断强化和发展进行了完善。首先是确立了以家庭联合承包责任制为基础，统分结合的双层经营体制；其次，数十年培育了各种乡村经营主体，包括家庭经营、集体经营、合作经营、企业经营等多种模式。通过经营体系和经营主体的构建，初步形成了组织化、集约化、社会化、专业化相结合的新型农业经营体系。在上述基础上，城乡社会生产力的快速发展要求必须对农业经营体系进行创新，比如，需要发展多种形式的规模化经营，因地制宜地创新经营制度，可以通过农户间互换并地、流转承包土地、土地股份合作、租赁承包地等各种形式来发展规模经营；比如，通过给予土地流转奖励补助等政策措施来鼓励有条件的农户流转承包土地的经营权，从而强化规模经营效果；比如，需要培育新型农业经营主体来匹配多形式的规模化经营，可以培养专业大户、农民合作社、乡村企业、家庭农场等，以市场化为导向、以专业化为手段、以规模化为基础，逐步形成集约化的农业经营模式。

二是建立了农村土地管理制度，并通过不断发展进行了完善和体系构建。通过农村土地承包制度的建立和完善，以及农村宅基地管理制度的建立，推进了农村征地制度改革，引导和规范了乡村集体建设用地的市场化过渡，也探索建立了以股份合作制为特点的农村集体产权制度，形成了初步健全的农村土地管理制度体系。在以上基础上，需要继续完善土地承包制度，比如，探索农村土地所有权、承包权、经营权分置并行实施方式；比如，赋予农民对承包地的使用、收益、流转、抵押、担保等权能，实现分权于民；

比如，探索土地承包经营权有偿退出机制，完善对应的法律法规等。可以探索农村集体经营性建设用地进入市场的对应制度，包括土地增值收益分配机制、集体经营性建设用地入市模式等，在符合农村土地规划和用途管制基础上，开发农村土地的使用潜力，促进农民增收。

三是结合行政体制改革，建立乡村治理机制。通过建立乡镇人民政府，培育乡村社会组织，推行村民自治管理模式，强化了乡村的社会管理，形成了初步完善的乡村治理体系。在此基础上，应该健全城乡一体化体制机制，通过推进城乡要素的平等交换、城乡资源的均衡配置和农村转移人口的市民化来完善城乡融合发展机制；同时在健全和完善乡村法制建设基础上，结合农村基础设施建设，形成教育、文化培养、道德体系建构，实现农村德治；最终将法治、德治、自治结合，建构起乡村现代治理体系。

四是完善农村财税制度，通过全面取消农业税费做到切实减轻农民负担，建立公共财政支持农村的对应制度来加强农村基础设施的建设；同时有序引导农村发展社会事业，建立完善的农村财税制度体系。

五是建立完善的农业支持和保护制度，通过农业补贴制度，完善农业投入保障体系；建立健全农产品价格保护制度，完善农业支持和保护，通过建立农业生态环境补偿制度，推动农业实现可持续发展，最终完善农业支持和保护制度体系。

六是建立乡村市场制度，通过逐步放开农产品的流通，建构起农村市场体系，并通过培育多元市场主题、完善农产品储备和进出口调节制度，健全乡村的市场制度体系。在完善财税制度、完善农业支持和保护制度、建立乡村市场制度的基础上，需要完善农产品价格形成机制，通过探索建立农产品目标价格体系，开展试点形成完善的农产品价格体系并构建开放性的农业经济新机制，积极推进农业产业安全战略；通过资金引进加强企业对农业投资的竞争力，最终建立健全的农业经济体系。

七是建立起乡村工作领导管理体制，通过建立农业行政管理体制，确立工作领导管理模式，并完善工作责任体系，以四个责任制（基层党建工作责任制、党风廉政建设责任制、意识形态工作责任制、法治建设工作责任制）为核心，建构乡村干部绩效考核评价体系，形成健全的乡村工作领导管理体系。

八是创新乡村金融制度体系，通过创新农村金融产品和服务方式来扩大农村有效担保物范围，进一步推进农业保险和农村保险的发展，以健全农村金融组织体系。在此基础上，要继续创新农村金融保险制度，可以通过强化金融机构服务"三农"的职责来为农村提供坚实保障；发展新兴农村合作金融组织，丰富农村的金融机构类型，以有效的小额信贷、微型金融服务组织、风险补偿基金、建设农村诚信体系等形式有效防范农村金融风险，完善乡村金融制度体系。

九是实施"引进来""走出去"战略，加强乡村农业对外开放，发展农产品的进出口贸易体系，拓展乡村对外交流方式和合作模式，扩大乡村农业的对外开放力度，有效推动乡村农业现代化进程。在此基础上，应该细化农业发展方式，建立农业可持续发展的长效机制，包括健全农业环境管理体制和保护制度，创新技术体系和服务方式，加强政策支持和规划引导等，通过改革农业生态环境保护管理体制、健全农业资源用途管制制度、农业资源生态补偿制度、乡村污染环境治理制度、规模化推进高新农业技术等，在政策引导下推动乡村创建美丽农村，以点及面打造美丽中国。

十是完善乡村法制建设，通过完善涉及农村、农业方向的法律法规，推动农民有法可依有法可循，同时要强化执法体系建设并提高执法体系依法行政的能力，加强执法监督力度和司法保护力度，以快速完善乡村的整体法制建设，形成乡村发展过程中的有力保障。

第三节　手段："三治合一"建构现代治理体系

在整个国家治理体系之中，乡村治理是其中非常重要的组成部分，其不仅关系乡村振兴战略的成败，也是建设中国特色社会主义，推进国家治理体系和治理能力现代化的重要环节。2018年，中央一号文件明确指出了乡村治理体系所存在的问题，即乡村基层党建还存在薄弱环节，乡村治理体系和乡村治理能力都亟待加强，其最核心的手段就是要以现代化乡村社会治理体制为基础，健全以法治、德治、自治相结合的"三治合一"现代治理体系，并以基层党组织为最终抓手，来实现乡村治理体系建设和完善过程中的稳定发展。

一、基础：现代化乡村社会治理体制

建立现代化乡村社会治理体制，需要遵循三个基本原则，即政府引领、社会参与和制度保障。这是完善治理体制和构建现代化乡村治理体系的根本和基础。

（一）政府引领

政府引领就是要通过国家治理体系的科学反映和细化，明确乡村治理的目标和治理方向，依托政府的力量来解决乡村治理过程中所遇到的重点和难点。首先，政府引领是发展和完善中国特色社会主义制度的基本要求，也是推进国家治理现代化的关键着力点，国家治理体系搭建得越完善、科学，才能有效提高治理能力；在政府引领之下，乡村治理体系的构建才能目标更加明确，方向更加精准。其次，国家治理体系的完善无法一蹴而就，尤其是乡村，其治理机制的搭建是国家治理体系的重中之重。只有通过政府引领，协调好"三农"问题，并将乡村治理机制的完善与国家治理体系的完善相匹配，才能在实现农村和谐稳定发展的过程中，推动国家的快速发展。最后，政府引领就是要依托于政府的力量，来解决乡村治理中的问题和为乡村治理提供准确的方向，包括"谁来治理""怎么治理"等，由政府来为乡村治理提供协调配合与方向性判断，这样才能避免在乡村治理过程中发生方向偏移，同时能够使乡村治理可以顺应国家经济的发展形势，避免社会矛盾激化，最终实现有效的乡村治理。

（二）社会参与

实现乡村治理体系构建需要多方进行参与，以此来解决治理效率低、治理主体不明确等问题。通过多方参与主体共同治理来发挥出不同主体的不同优势，从而实现优势互补，同时需要各个主体做到遵纪守法、知法懂法，并明确各自的责任和义务，来做到各主体协同治理，共享共治。

首先，社会参与需要加强社会治理制度建立和完善，实现党委领导、政府负责、社会协同、公众参与、法治保障的科学治理体制的搭建。乡村治理需要根据不同地域、不同乡村的发展情况和问题提出针对性措施，这就需要充分调动不同参与主体的能动性，实现多方共同治理，最终使治理效果最大化。其次，参与乡村治理的各个主体都只是协同治理的一部分，要协调彼此之间的关系，促进治理有效，就需要明确各主体参与乡村治理过程中的责任和义务，其中最主要的就是要目标统一，并在此基础上做到责任统一、义务统一，通过合理的分配来做到共同治理。最后，参与乡村治理的各个主体必须做到主体自身能够遵守规章制度、法律法规，并可以实现以法自护。知法懂法，才能够做到自律自爱，所以在建立乡村治理体系过程中，必须要加强对参与主体进行法律意识宣传和普及。

（三）制度保障

制度保障则需要依托于各种制度来对参与治理的主体以及民众进行规范，从而在实现乡村治理目标的制度方面提供坚实保障。首先，要做到出台各种以乡村有效治理为目标的法律、法令、法规、条例、决议等，保证乡村治理过程中的行为手段、基本关系等具有法律化和制度化性质，做到有法可依。其次，在乡村治理过程中，各主体需要遵循法律法规的要求，做到遵纪守法。若过程之中出现相关的法律纠纷，要依据现行法律进行合理处理，真正做到有法必依。最后，乡村治理过程中若发现问题，执法机关和执法人员要严格按照法律要求做到实事求是，在维护法律权威的同时保障居民的合法权益，做到执法必严。不论是多大功劳多高地位的参与主体，只要违反法律，都需要做到违法必究。

二、"三治合一"的乡村治理体系

自进入 21 世纪"三农"问题被重点关注以来，乡村治理就一直是国家发展过程中极为重视的一个环节。"三治合一"的乡村治理体系的建构，并非一蹴而就形成，而是通过多年的探索和完善，最终形成具有战略性意义的乡村治理思想性创新体系。

（一）"三治合一"乡村治理体系的形成过程

21 世纪以来，"三农"问题一直受到各界关注。为解决"三农"问题，促进乡村发展，国家出台、制定了一系列文件来推动乡村治理体系的完善。从 2005 年发布的有关乡村治理的政策开始，到 2017 年提出健全"三治合一"乡村治理体系，再到后续的科学搭建"三治合一"乡村治理体系的引导性政策等，"三治合一"乡村治理体系的形成可谓经历了十多年的时间。具体的政策内容特征如下所述。

2004 年 12 月的《中共中央 国务院关于进一步加强农村工作提高农业综合生产能力若干政策的意见》，提出了建立健全村党组织领导的充满活力的村民自治机制；2006 年 1 月的《中共中央 国务院关于推进社会主义新农村建设的若干意见》，提出了健全村党组织领导的充满活力的村民自治机制；2007 年 1 月的《中共中央 国务院关于积极发展现代农业扎实推进社会主义新农村建设的若干意见》，提出健全村党组织领导的充满活力的村民自治机制；2008 年 1 月的《中共中央 国务院关于切实加强农业基础建设进一步促进农业发展农民增收的若干意见》，提出要完善村民自治制度，健全基层党组织领导的充满活力的基层群众自治制度；2010 年 1 月的《中共中央 国务院关于加大统筹城乡发展力度进一步夯实农业农村发展基础的若干意见》，提出要发展和完善党领导的村级民主自治机制；2012 年 1 月的《关于加快推进农业科技创新持续增强农产品供给保障能力的若干意见》，提出要完善农村基层自治机制，健全农村法制，加强和创新农村社会管理，确保农村社会和谐稳定发展；2013 年 1 月的《中共中央 国务院关于加快现代农业进一步增强农村发展活力的若干意见》，提出要进一步健全村党组织领导的充满活力的村民自治机制；2014 年 1 月的《关于全面深化农村改革加快推进农业现代化的若干意见》，提出要完善和创新村民自治机制，实现村民自治制度化和规范化，探索不同情况下村民自治的有效实现形式；2015 年 2 月的《中共中央 国务院关于加大改革创新力度加快农业现代化建设的若干意见》，提出要针对乡村需求，扩大以村民小组为基本单位的村民自治试点，搞好以社区为单位的村民自治试点，探索自治有效实现形式；2016 年 1 月的《中共中央 国务院关于落实发展新理念加快农业现代化实现全面小康目标的若干意见》，提出要依法开展村民自治实践，探索村党组织领导的村民自治有效实现形式；2017 年 2 月的《中共中央 国务院关于深入推进农业供给侧结构性改革 加快培育农业农村发展新动能的若干意见》，提出要完善村党组织领导的村民自治有效实现形式；2017 年 10 月的《决胜全面建成小康社会 夺取新时代中国特色社会主义伟大胜利》，提出要健全自治、法治、德治相结合的乡村治理体系。

2018 年 2 月的《中共中央 国务院关于实施乡村振兴战略的意见》，提出要坚持自治、法治、德治相结合，确保乡村社会充满活力、和谐有序，深化村民自治实践，坚持自治为基；建设法治乡村，坚持法治为本；提升乡村德治水平。

2019 年 1 月的《中共中央 国务院关于坚持农业农村优先发展做好"三农"工作的若干意见》，提出要建立健全党组织领导的自治、法治、德治相结合的领导体制和工作机制，发挥群众参与治理主体作用；加强自治组织规范化制度化建设；推进农村基层依法治理，建立健全公共法律服务体系；加强农村精神文明建设，挖掘和树立道德榜样典型，发挥示范引领作用，探索德治措施。

2019 年 6 月，中共中央办公厅 国务院办公厅印发的《关于加强和改进乡村治理的指导意见》，提出要完善村党组织领导乡村治理的体制机制，健全党组织领导的村民自治机制，进一步加强自治组织规范化建设；积极培育和践行社会主义核心价值观，实施乡风文明培育行动，以法律法规为依据规范完善村规民约，加强农村文化引领，营造优秀文化环境；推进法治乡村建设，规范执法程序并加强执法人员业务培训；支持多方主体参与乡村治理。

2019 年 7 月，中共中央办公厅 国务院办公厅印发的《关于加快推进公共法律服务体系建设的意见》，提出要均衡配置城乡基本公共法律服务资源，推进基本公共法律服务均衡发展；推进公共法律服务平台建设，推进中国法律服务网同业务系统对接，实现资源共享、一网通办。

2020 年 1 月的《中共中央 国务院关于抓好"三农"领域重点工作确保如期实现全面小康的意见》，提出要充分发挥农村基层党组织的领导作用，健全乡村治理工作体系，确保更多资源下沉，以提高乡村治理效能。

2021 年 1 月的《中共中央 国务院关于全面推进乡村振兴加快农业农村现

代化的意见》，提出要充分发挥农村基层党组织领导作用，有条件的要积极推进村党组织书记通过法定程序担任村民委员会主任；开展乡村治理试点示范创建工作，创建民主法治示范村；加强新时代农村精神文明建设，推动形成文明乡风、淳朴民风和良好家风。2021 年 4 月，中共中央办公厅 国务院办公厅印发的《关于加强社会主义法治文化建设的意见》，提出要将法治文化阵地建设纳入城乡规划，建好用好各种法治文化阵地，提高利用率和群众参与度；在法治实践中持续提升公民的法治素养。

2021 年 4 月的《中共中央 国务院关于加强基层治理体系和治理能力现代化建设的意见》，提出要加强党的基层组织建设并健全基层治理党的领导体制；深化基层机构改革，构建高效简约的乡镇管理体制；加强基层政权治理能力建设；健全基层群众自治制度，推进基层法治和德治建设，并加强基层智慧治理能力建设；加强基层治理的组织保障。2021 年 8 月的《法治政府建设实施纲要（2021—2025 年）》，提出要健全政府机构职能体系，推进政府职能优化协同高效，分级分类推进行政审批制度改革，深入推进"放管服"改革，推进国家治理体系和治理能力现代化。①

经过十多年的完善，最终形成了一套极为完善的乡村治理政策体系。分析整个政策体系可以看出，自 2005 年以来中央一号文件就将乡村基层治理聚焦于乡村自治，于 2005 年—2007 年提出了建立健全村党组织领导的充满活力的村民自治机制；2008 年则在前述基础上强调了乡村基层群众的重要性，2010 年又强调了村级民主特性；2012 年中央一号文件则指出要健全农村的法治和加强农村社会管理；2014 年继续对乡村自治制度进行明确，强调了要探索不同情况下的村民自治有效实现形式，乡村自治体系开始由理论向实践探索过渡；2015 年则在 2014 年政策文件的基础上，指出探索以社区为单位的自治机制；2016 年和 2017 年，又在原有政策基础上提出要依法开展村民自治实践和完善村民自治实现形式；2017 年十九大报告首次提出要健全"三治合一"的乡村治理体系；2018 年指出要坚持自治为基、坚持法治为本、提升乡村德治水平，继续深挖"三治合一"的乡村治理体系的建设。

从 2019 年开始，中央一号文件开始针对"三治合一"的乡村治理体系建

① 孔祥智 . 乡村振兴的九个维度 [M]. 广州：广东人民出版社，2018：142-146.

设提出明确措施，并指出要均衡配置城乡公共法律服务资源，推动乡村法治体系的搭建和完善。2020年再一次强调资源均衡配置，已逐步健全乡村治理工作体系和提高乡村治理效能。2021年提出要开展乡村治理试点示范创建，并将文明乡风建设纳入德治体系；之后又将法治文化阵地建设纳入城乡规划，开始进一步推进"三治合一"乡村治理体系的健全。2021年8月提出要建设法治政府，深入推进"放管服"改革，以推进国家治理体系和治理能力的现代化发展。

（二）"三治合一"乡村治理体系的构建模式

综合来看，"三治合一"乡村治理体系的构建是一个循序渐进的过程，这不仅是农村基础治理的一次理论创新，也是一次乡村治理体系建设的实践创新，其根本出发点都是为了实现乡村的和谐稳定。"三治合一"的乡村治理体系中，自治是核心，法治是保障，德治是内在动力。

1. "三治合一"中的自治

乡村治理所涉及的内容极为复杂，一方面是不同地域不同乡村发展情况下形成的多元治理主体，另一方面则是乡村中治理内容的复杂和多样。因此为了实现乡村自治，就必须发挥乡村社会内在力量，同时要激发乡村居民期望乡村自治的内在动力。通过给予乡村居民行使自身民主权利的渠道，建设基层民主政治机制，这样才能够逐渐实现民主选举、民主决策、民主管理、民主监督于一身的乡村基层民主政治制度。中国乡村社会多数是坚固的纽带型乡土社会，其并非由外部力量形成，而是在乡村精英的引导下，依靠人与人之间的关系来实现的管理。推广乡村自治能够推动乡村居民行使自身的民主权利，可以有效降低乡村治理体系建构的成本。

另外，因为中国乡村的多元化特性，乡村治理一直面临着乡土与规范交融、传统民俗与现代文化统一的矛盾问题。比如，中国乡村自治制度已经实行数十年，这不仅是中国农民的一项创举，也是乡村自我摸索出来的一套最适宜乡村治理的方式。因此，乡村治理体系的建构，需要以乡村自治为核心，激发出农民自治的自主性，通过广大农民群众的自愿参与，来推动自治有效性和有效度的提高。这就需要从政策层面赋予群众拥有自治的权利，引导农民群众提高自我管理、自我监督和自我服务的能力。为避免出现自治变放任自流的现象，需要以农村基层党组织为乡村自治的主要抓手，挖掘乡村各类人才，包括社会人才和乡村经营等，以完善乡村基层治理体系。通过基层党组织来发挥纽带作用，由基层党组织激发农民群体参与乡村管理的热情和智慧，同时实现不同政府层级的顺畅沟通，及时解决资源均衡配置的问题，挖掘出乡村自治的巨大潜力。

2. "三治合一"中的法治

从国家治理层面来看，法治是实现有效国家治理的根本，也是实现乡村有效治理的重要制度保障，尤其是在乡村各种冲突和问题日益凸显的当前，只有建立完善的乡村法治体系，使乡村有法可依、有法必依、执法必严、违法必究，才能够给予农民更加坚实的保障。

当前乡村法治建设总体滞后于城市法治建设，主要体现在三个方面。一方面是乡村的法治意识较为淡薄，很多冲突矛盾就是由于群众不懂法从而造成侵犯了他人的合法权益却不自知，也有很多是由于群众不懂法所以不知该如何依靠法律手段来维护自身的合法权益。二方面则是乡村的经济发展水平普遍滞后于城市，这就造成乡村居民的收入水平和城市收入形成了较大差距；而乡村想发展经济很多时候都会涉及乡村土地问题，这就造成了很多耕地纠纷、宅基地纠纷、集体建设用地纠纷等。三方面则是乡村的法治宣传力度相对薄弱，很多时候法律宣传根本无法达到宣传法律的目的，甚至会影响乡村民众法律意识的形成和认知水平的提高。

除乡村法治建设总体滞后于城市法治建设之外，还有两个关键因素制约了乡村法治体系的完善。一个是在乡村治理过程中有一些重要领域依旧存在法律空白，有一些法律仅停留在行政法规、地方性法规和规章制度层面，缺少有效的法律效用，无法充分发挥法治在基层治理的巨大作用；另一个则是乡村基层治理存在部分执法不严的不公现象，这主要受制于传统人际观念和熟人社会体系的影响，很容易造成基层法治无法达到应有的效果，从而打击了乡村居民的自治积极性和自主性。

要健全乡村法治体系，首先需要针对不同乡村情况和问题，完善对应的法律法规，使问题和矛盾有法可依；其次则需要充分发挥基层党组织的引导能力，以乡村居民喜闻乐见的形式，提高法治宣传的效果，培养乡村民众完善的法律意识，并逐步提高民众的认知水平，使法律法规成为乡村群众最坚实的保障；最后需要充分发挥基层党组织和乡村精英组织的有效执行力，逐步向乡村群众灌输有法可依、有法必依、执法必严、违法必究的法律意识和行为意识，打破传统熟人社会的人际观念，培育出乡村全员完善的法治观念，推动乡村法治体系的完善。

3."三治合一"中的德治

以德治国是中国自古以来推行的治国方略，早在春秋战国时期以德治国就已经被提炼出来并进行执行。德治所弘扬的是真善美，如为政以德就要求为官者德行一致、品行端正，如为民以德就要求为民者拥有良好的道德情操和道德品质。

乡村治理中的德治主要包括两方面的内容，一方面是在乡村基层治理体系建设和实施过程中，要以马列主义、毛泽东思想、邓小平理论、"三个代表"重要思想、科学发展观、习近平新时代中国特色社会主义思想为核心指导，基层治理者要以服务广大乡村群众为出发点和落脚点，一切以人民为中心，提升广大乡村基层干部的道德素质，逐步将社会主义核心价值观融入基层管理和治理理念中，这样才能逐步转化为乡村群众能够广泛认同和遵循的行为准则。

另一方面则需要在基层干部德治的基础上，探索实现乡村群众人人向善、人人趋善、人人为善的目标，以提升全民的道德素质。这不仅需要乡村基层干部的引导和树立榜样，还需要深入挖掘中华优秀传统文化，尤其是很多中华优秀传统文化均起源于乡村且植根于乡村。比如，很多优秀乡村文化都是乡村民众在长期劳作和生产生活过程中逐步积累和孕育而成的，包括乡贤乡绅、村风民约、家风家训，以及艰苦朴素、勤俭节约等优良传统，均是从乡村发迹并广为流传，最终形成的优秀传统文化。

当然，实现乡村德治并非一蹴而就，也不能毕其功于一役，而是需要长久努力并随着时代的发展而不断进行调整和改变，因此除了乡村基层干部道德素质建设和培养、中国优秀传统文化传承之外，还需要做好乡村文化环境建设，包括优秀乡村文化的学习、宣传，乡村基础教育体系的完善和搭建等，都属于乡村德治体系建设的范畴。

三、数据化基层完善乡村现代治理体系

进入 21 世纪以来，互联网、大数据等信息技术已经成为推动全球经济和社会发展的重要手段。大数据时代的来临使得人类的行为和社会的发展所产生的数据痕迹都形成了海量的数据流和信息流，这些微观数据已经成为政府了解社会基层和进行国家治理的直接数据来源。在大数据背景的推动下，乡村也开始逐步形成数据化基层。这种变化无疑会打破乡村社会和乡村治理，与国家发展和国家治理的隔阂，政府完全可以利用大数据技术进行更加合理和科学的资源配置，从而有效推动乡村治理体系的发展水平，为资源不足的乡村提供对应的支撑。

（一）数据化基层与乡村治理体系的关系

将大数据应用于乡村现代治理领域，能够在三个层面推动乡村治理体系的完善和发展。首先，借助数据的整合特性，能够有效提高乡村治理主体的协同性。乡村治理主体主要包括乡镇政府、村两委、乡村民间组织、乡村企事业单位、乡村精英等。乡村治理体系的核心是自治，这也就容易形成自上而下的政府治理体系和自下而上的乡村自治脱节割裂，即基层政府能够为乡村提供对应的制度保障和政策支持，但乡村治理的真实效果却依旧完全取决于乡村自身的治理条件。若将大数据技术应用于乡村治理领域，就能够突破政府治理体系和乡村治理之间的屏障，从而形成多元主体协同治理的模式。尤其是乡镇基层政府掌握着全部乡村社会的政务数据，这些资源能够提升乡镇政府在治理中的话语权；另外，村两委和民间组织等在参与乡村治理过程中，同样能够凭借掌握的基层数据，与乡镇政府形成平等互动的治理模式，从而提升各主体的治理能力和乡村整体的治理效能。

其次，借助数据来提高服务质量。乡村基层治理的主要内容是行政性事务和自治性事务两大类，随着城乡一体化发展的推进和乡村公共服务体系的逐步完善，乡镇政府所担负的行政性事务一直在增加，包括基础设施建设、公共危机管理、社会治安建构、养老和医疗保障完善、乡村教育提升等各个方面，事务的增多和管理人员的缺失，使乡镇的治理能力面临极大考验。将大数据技术应用于乡村治理内容和服务方面，能够有效提升治理的精准性，从而减少事务管理精力，提升服务质量。可以从三个层面来推动大数据技术

的应用：一是完善治理事务的需求反馈和传导机制，通过大数据技术来获取村民最迫切的现实需求，使治理内容更加精准；二是通过数据资源的共享开放，推动乡镇政府的决策权上移，从而有效对行政性事务进行综合管控和治理；三是积极开发数据应用产品，尤其是一些综合服务平台、实时应答服务体系等，以期能够有效提高治理内容的精准化，同时有效提高服务质量。

最后，充分发挥数据分析特性，为乡村治理提供更为科学的决策方向。乡村治理过程中事务繁杂、关系纷乱，若依旧采用经验决策模式，不仅耗时耗力，还易陷入认知片面的陷阱中；而通过大数据分析来进行数据决策，则能够提升决策效能。另外，原本的乡村治理模式多数为事后进行治理，不仅被动而且无法有效从源头将治理体系完善；而通过大数据分析，则能够有效进行一定的预测，从而通过数据研判提早发现治理体系中的问题和隐患，实现源头治理，不仅能降低治理成本，而且能够有效提提治理质量。

（二）大数据驱动下的乡村现代化治理体系搭建路径

了解了大数据和乡村治理之间的关系，则可以进行针对性的发展和建构来完善乡村现代化治理体系，具体可以从三个角度着手。

首先，从乡镇政府层面树立数据治理理念，并将该理念延伸到各基层组织。这就要求政府能够树立数据开放和数据共享的观念。数据开放需要整合现有的涉农数据，并涵盖各部门和组织有关农村社会的内容，由政府分级打造统一协同的数据开放平台。数据共享则需要乡镇政府不仅要做到数据内部共享，即各基层组织均能够运用该数据；还需要和其他治理主体共享数据。政府需要在此过程中制定数据共享管理办法和手段，明确数据共享的边界。

其次，通过数据治理平台的布局，切实提高乡村治理内容的精准化，这需要省市政府机构能够建立统一管理同一体系的大数据综合平台，将所有下辖组织的事务均纳入该平台，并针对不同层级和应用对象，建构针对性的数据门户，以供给各级组织乃至村民个体进行应用。另外需要加强乡村信息化基础设施的建设和完善，从基础层面提高乡村的信息化水平，一方面能够推动乡村信息化、数据化的普及和推进；另一方面则能够有效提高大数据平台的数据全面性，从而做到数据分析更加科学和精准，实现治理内容能够精确且有针对性。

最后，通过大数据技术建立科学的决策模式，完善乡村治理过程中的数据技术应用。建立科学的数据决策模式需要充分利用大数据、物联网、云计算、人工智能等现代信息技术，并结合乡村基建布局，包括监控体系、智能系统、大数据平台等，运用智能分析和实时感知等信息化手段，来进行乡村各项事务的预测和趋势分析，从而提升乡村治理过程中的决策能力。

完善乡村治理过程中的数据技术应用，需要从四个角度入手：一是要提高信息采集能力，大数据分析的核心基础就是足够的数据，因此需要将各种数据采集设备联结为网络，包括遥感系统、地理信息技术、智能终端、传感器、地面观测等，制定科学的数据采集标准体系，培训对应的数据采集人才，以提高数据的采集能力和数据的精准度。二是对应提高乡村治理各主体的数据处理能力，一方面是提升硬件设施，可以将技术难度较大的工作交付第三方外包；另一方面要提升软件，即通过对乡村各基层人员进行大数据技术培训，来提升基层组织的数据分析和处理能力。三是逐步完善基层组织的数据应用体系，如建构大数据科学决策平台，推进公共服务内容精准化，对可能的公共安全和群体性事件进行预警，防患于未然，实现源头治理能力的提高。四是加强教育培训手段，推动专业数据人才的培养，可以和地方高校进行合作，通过人才引流和本土人才培养的方式来壮大相关大数据技术人才；与此同时，注意将乡村治理理念培养融入人才培训过程中，以便为乡村治理体系的建构和完善提供对应的专业性人才。

第三章　核心·乡村党建体系建构与管理

乡村的现代治理体系建设，需要以乡村党建体系的建构与管理为核心，充分发挥出乡村基层党建体系的引领作用，具体可以从乡村基层党建体系建构与管理概述、乡村基层党建体系建构工作内容、乡村基层党建体系管理工作三个方面着手阐述。

第一节　乡村基层党建体系建构与管理概述

乡村振兴是全国稳定、社会安定和谐的基础，党的基层组织建设和管理则是党的工作及战斗力的基础。因此，实施乡村振兴战略，实现乡村治理现代化的关键就在于乡村基层党组织。习近平同志在党的十九大报告中指出："党的基层组织是确保党的路线方针政策和决策部署贯彻落实的基础。要以提升组织力为重点，突出政治功能，把企业、农村、机关、学校、科研院所、街道社区、社会组织等基层党组织建设成为宣传党的主张、贯彻党的决定、领导基层治理、团结动员群众、推动改革发展的坚强战斗堡垒。"①

2018年中共中央、国务院印发了《国家乡村振兴战略规划（2018—2022年）》（以下简称《规划》），将乡村发展提到了全面建成小康社会和全面建设社会主义现代化强国的首要地位。乡村基层党组织的建构和管理作为乡村治理的关键，自然也成了重中之重。

---

① 吴晓云，张磊.形势与政策[M].北京：北京理工大学出版社，2018：180-181.

一、乡村基层党建工作的重大意义

2018 年 3 月，习近平同志在十三届全国人大一次会议山东代表团审议时曾强调："要推动乡村组织振兴，打造千千万万个坚强的农村基层党组织，培养千千万万名优秀的农村基层党组织书记。"① 乡村基层党组织建设是党在乡村工作的坚实基础，只有将乡村基层党组织体系建构完善，乡村的改革发展、乡村振兴战略的实施才拥有可靠的保障和根基。乡村基层党建工作对乡村发展和全国发展都具有极为重大的意义，主要体现在以下两个方面。

（一）乡村基层党建工作是实施乡村振兴战略的重要推手

《规划》中提出，要坚持党总揽全局、协调各方，强化党组织的领导核心作用，提高领导能力和水平，为实现乡村振兴提供坚强保证。而实施乡村振兴战略就必须以乡村基层党组织的建设为主线，完全发挥出基层党组织的政治功能、组织力和引导力，将其建设成为宣传党的主张、贯彻党的决定、团结群众、领导乡村治理的堡垒；同时需要基层党组织针对乡村振兴过程中遇到的重要问题、重要工作、重大事项等进行讨论、决定、解决和引导实施。乡村基层党建工作作为实施乡村振兴战略的重要推手主要表现在以下几个层面。

首先，要实现乡村振兴，必须要坚持党的管理，乡村基层党组织可以说是乡村振兴的主心骨，具有带领群众贯彻方针政策、落实和完成党的任务、推动乡村发展、凝聚乡村群众和服务乡村群众的重要责任。乡村基层党组织是实施乡村振兴战略的政治领导，需要起到引领方向、肃清障碍、服务群众、凝聚人心的巨大作用。只有坚持党的路线方针，发挥出乡村基层党组织的政治和组织优势，并将其转化为推动乡村振兴的发展优势，才能够上下拧成一股绳，共同为实现乡村振兴而奋斗。

其次，乡村基层党组织是实施乡村振兴战略的领头羊。俗话说："兵熊熊一个，将熊熊一窝。"要想实现乡村振兴，就需要拥有一支高效、稳定的乡村干部队伍。这就需要从抓实基层党组织、强化基层党组织带头人队伍着手，通过带头人来引导基层党组织整体优化。基层党组织带头人队伍不仅需要具备优秀党员的基本素质（勤政务实、勤劳为民、勇于担当、信念坚定、

① 何丞. 农村基层党建百问百答 [M]. 广州：广东人民出版社，2019：7-8.

清正廉洁等），还需要对农业、农村、农民了解深入且感情真挚，更需要具备创新先进的思维和观念，能够针对乡村振兴过程中的问题和困难提出创造性建议，这样才能够带领群众齐心协力为实现乡村振兴而奋斗。

再次，乡村基层党组织的建设并非一蹴而就，需要不断吸纳各种优秀人才，这不仅需要充分发挥出乡村干部的领头羊作用，还需要积极锻造能够引领乡村振兴的模范，借助模范的先锋性和引导性，将真正能干事、想干事、可以干成事的人才吸收到党组织队伍中，从外至内推动党组织整体优化提升，同时能够以先锋模范为榜样强化对党组织中党员的教育、管理、督促和考核，逐步提升整个党组织的成员素质，最终令所有党组织成员都能成为引领乡村振兴的表率和榜样。

最后，乡村基层党组织是政治组织，也是推动和实施乡村振兴战略的领导组织，要贯彻党的方针政策、确保领导方向不偏移，还需要做到加强乡村基层党组织的政治建设和思想建设，通过思想建党完成基层党员干部的党性修养形成和思想洗礼，提升乡村基层党员干部的思想政治素质，最终建立重视正风肃纪、政治方向精准、全心全意为民的高素质党员队伍。这样才能够带领广大群众团结一心，真正落实乡村振兴战略的各种决策部署，并出色地完成乡村振兴的各项任务。

（二）乡村基层党建工作是夯实执政根基的关键核心

从国家层面而言，乡村基层党建工作是完成四个全面中央战略布局的关键和根本。全面建设社会主义现代化国家最艰巨的任务就在农村，城乡发展差距的缩小，乡村的发展是关键；全面深化改革涉及了广大乡村群众的切实利益，乡村基层党组织需要做好凝聚改革共识、推动任务落实的态度，从乡村群众的角度处理"三农"问题；全面依法治国，难点同样在乡村法治化治理，乡村基层党组织不仅担负着增强提升干部群众的法治观念和法治素养的责任，而且担负着推行和实施乡村法治化治理的重任；全面从严治党，也是乡村党建工作的重点和迫切要求。基层党组织涉及千千万万农民的切身利益，只有基层党组织实现从严治党，才能更加精准地落实和贯彻乡村振兴战略，从而完成各项任务。

从乡村发展层面而言，乡村基层党建工作是推进和实施乡村振兴战略的重中之重，必须挖掘出乡村基层党组织的领导作用和引导凝聚作用，才能够实现乡村振兴，也才能够为全面实现社会主义现代化强国奠定扎实的基础。进入新时代，乡村也在不断出现和产生新困难、新问题，尤其是农业现代化、城镇化、信息化和新型工业化的同时推进，为乡村的发展带来了巨大机遇，但也出现了极大的挑战。在这样的背景下，急需一大批能力强、素质高的乡村基层党组织带头人，只有全面提升乡村基层党组织建设的水平，在带头人的领导下推动乡村科学发展、维护乡村和谐稳定、带领农民共同致富，引领协调好各种乡村利益关系和利益诉求，发挥出乡村基层党组织的领导作用，才能够成为乡村振兴的坚强堡垒。

另外，乡村发展和乡村振兴的主体是农民，乡村基层党建工作必须要坚持农民主体地位，充分发挥出基层党组织的引导凝聚作用，将农民的主动性、积极性和创造性激发出来，以促进农民共同富裕为出发点，积极引导农民参与乡村振兴过程中的各种事务，维护好农民的切身利益、解决好农民的困难和问题，让农民不断获取幸福感和安全感，这样才能逐步汇集起群众，从而引导广大群众统一沿着正确的政治方向，统一在党的旗帜下共同奋斗和前进。

二、乡村基层党建体系建构和管理

乡村基层党组织是贯彻落实习近平新时代中国特色社会主义思想的实践者、推动者，对实现乡村科学发展负有极为重要的责任，也是实现社会主义现代化强国的基础。从此角度来分析，乡村基层党建体系的建构和管理均极为重要，需要做到以下四方面的内容：一是坚持和加强党的全面领导的根本原则和根本目的；二是坚持党要管党和全面从严治党的根本方针；三是顺应新时代党建工作的主线，即加强党的长期执政能力建设和先进性、纯洁性建设；四是完善新时代党建工作的总体布局，即贯穿制度建设，全面推进党的政治建设、思想建设、组织建设、纪律建设和作风建设。

（一）完善乡村基层党组织架构和设置

党在乡村的基层组织是党在乡村工作和战斗力的基础，更是乡村各种组织和各项工作的领导核心，因此乡村基层党建工作最核心的就是要完善乡村基层党组织的架构和设置。

乡村基层党组织主要包括乡镇党的委员会（即乡镇党委）和村党支部（包括总支、党委）。根据十九大的党章规定，各种基层单位，包括农村、企业、机关、学校、科研院所、街道社区、社会组织、人民解放军连队等，只要拥有正式党员三人以上就应当成立党的基层组织。

党的基层组织需要根据工作的需要和党员的人数，经过上级党组织批准分别设立各级委员会，包括党的基层委员会、总支部委员会、支部委员会。委员候选人的提出需要广泛征求群众和党员的意见，之后通过党员大会选举出总支部委员会和支部委员会成员，再通过党员大会或代表大会选举出基层委员会成员，其每届的任期为三年到五年，其中基层委员会一般每届任期为五年，总支部委员会和支部委员会一般每届任期为三年。乡村对应的委员会每届任期为五年。

乡村基层党组织的架构和设置主要有四类，分别是乡镇党委（村党委）、村党总支、村党支部、联合党支部。乡镇党委是由党员大会或党员代表大会选举产生，通常党员人数超过100名，可以根据工作需要经县级地方党委批准成立；若县以上有关部门驻乡镇，也需要根据工作需要和党员人数建立党的基层组织，其通常受乡镇党委领导。

村党总支成立的条件是党员人数超过50名的村，或党员人数虽不足50名但具备成立条件的村；村中有3名以上正式党员，就应该成立村党支部，若单独的村正式党员不足3名，可以和邻近的村联合成立党支部，即联合党支部。乡村基层党组织的架构和设置，需要结合当地实际情况进行适当的调整。只要基于促进乡村经济和乡村社会发展，加强党和群众练习，加强对党员的管理和教育等原则即可。综合而言，乡村基层党组织均是通过党员大会的选举产生，目标就是完成对应的基本职责和任务。

（二）乡村基层党建工作的基本要求和基本工作方针

乡村基层党组织是党在乡村工作的基础，为了夯实根基，乡村基层党组织的建设必须满足一定的基本要求，即坚持党的基本路线，坚持解放思想、与时俱进、求真务实、实事求是的理念，坚持全心全意为人民服务，坚持民主集中制，坚持从严管党治党，以上要求不分先后。

坚持党的基本路线就是要以邓小平理论、"三个代表"重要思想、科学发展观和习近平新时代中国特色社会主义思想来统一行动，加强对各级领导班子的建设，培养出党和人民需要的好干部，从组织内部保证党的基本路线、基本方略能够贯彻实施；坚持解放思想、与时俱进、求真务实、实事求是的理念，就是在党组织建设过程中要理论结合实际，在实践之中去检验真理并进行发展，要有勇于开拓的创新精神，通过问题的发现、研究、思考、解决，不断总结新经验来发展和丰富理论根基；坚持全心全意为人民服务，就是党组织的建立，要在任何时候都将群众利益放在第一位，除了广大人民群众的利益外没有自己特殊的利益，只有和群众打成一片，同甘共苦并服务于民，密切联系群众才能切实推动各项工作，并实现对人民群众的引导。

民主集中制是党的根本组织原则，也是群众路线在党组织工作中的实际运用，因此要坚持民主集中制，充分发扬党内民主，保障党员的民主权利和主体地位，在发挥各级党组织和党员的主动性和积极性的基础上，实现全党思想统一、行为统一，从而有效贯彻执行各项党的决定和措施；坚持从严管党治党需要贯穿始终，尤其是在全新世界形势之下，党组织和广大党员都面临着巨大的考验，包括外部环境考验、市场经济考验、改革开放考验和执政考验，同时会因为内部因素面临一定的危险，包括能力不足的危险、脱离群众的危险、精神懈怠的危险和消极腐败的危险；从严管党治党是加强党组织纪律性和规范性的根本，要做到从严管党治党，需要强化主体责任和监督责任，完善党内监督体系，并深入推进党风廉政建设，以零容忍态度惩治腐败，构建摒弃腐败滋生和传播的良性党组织环境，形成有效的管理机制。

乡村基层党组织的建设，还需要遵循以下的工作方针：首先，要毫不动摇地坚持和加强党对农村工作的领导，通过健全领导体制机制和党内法规，确保党在乡村工作过程中能够始终处于总揽全局和提供政治保障的位置。其次，要认真贯彻党中央的重大决策部署和重要决策，切实发挥好乡村基层党组织在乡村工作中的领导作用，确保各项党的方针路线、政策措施能够结合乡村实际进行贯彻和实施。再次，要将乡村基层党组织建设看作系统工程，通过抓好各级党支部的建设，来实现党组织协调发展、全面推进。在此基础上，还需要延伸到各类组织的建设完善，包括团支部、经济合作社、村委会、民兵组织、妇代会等，强化整体组织架构。最后，要始终坚持问题导向的工作方针，通过发现问题、研究问题、解决问题，不断总结和推广成功经验，在实践之中提升乡村基层党组织的能力和素质，提高党建工作的综合水平，为实现乡村振兴打下基础。

（三）乡村基层党组织的基本职责和基本任务

《中国共产党农村基层组织工作条例》中对乡村基层党组织的基本职责和基本任务作出了具体的规定。其中乡镇党委（村党委）的主要职责是贯彻执行党的路线方针政策，以及上级党组织所作出的各种决议；对本乡镇经济建设和发展过程中所遭遇的重大问题进行讨论，并根据法律和有关规定作出对应决定；领导乡镇各机关和群众组织，依照法律法规和章程行使职权和承担责任；要加强自身组织的建设，并引导村党总支部和村党支部的建设；根据工作需要和管理权限，对党组织干部进行教育、培养和选拔以及监督；领导乡镇做好精神文明建设、社会治安综合治理、法制建设等工作。村党总支部和村党支部的主要职责和乡镇党委主要职责类似，但在某些方面更为细化。比如，要领导推进村级民主选举、民主决策、民主管理和民主监督等各项乡村自治活动，并引导组建各种群众组织，包括团支部、妇代会、村集体经济组织等。

乡村基层党组织建设的基本任务主要包括两方面的内容：一方面是针对党组织内成员的建设，包括宣传和执行党的路线方针、政策措施、组织决策等，领导党员完成各项工作任务；组织党员进行党的基本知识和理论的学习，以及各种科学、文化、法律法规、业务知识的学习；对党员进行管理、监督、服务，在提升党员基本素质的基础上，维护党的纪律并监督履行义务；做好入党积极分子的教育和培养，重视后继力量的培育和发展；监督党员干部和工作人员严格遵守法律法规，实现全心全意为民服务。另一方面则是针对群众所做的建设，包括密切联系群众，做好群众思想政治工作，了解群众对党员和党的工作的意见，维护好群众的切身利益和正当权利；引导群众发挥自身的主观能动性，挖掘群众中的优秀人才，推动群众在乡村振兴发展中贡献力量；做好普法、宣法等活动，引导群众自觉抵制各种不良倾向，维系乡村发展的健康。

第二节　乡村基层党建体系的建构工作内容

完善乡村基层党组织体系的建构工作，需要从四个方面着手进行基层党组织的建构，包括政治建设、思想建设、组织建设和制度建设。其中，政治建设是党的建设布局中的统领内容，思想建设是党的建设布局中的基础内容，组织建设是党的建设布局中的固本内容，制度建设则是党的建设布局中的保障内容。

一、核心·乡村基层党组织的政治建设

党组织的政治建设首次被纳入党建总体布局中是党的十九大报告，其作为党建总体布局的统领性内容，必须保持和发展党在政治上的先进性，从而做到全党把握政治方向、加强政治领导、夯实政治根基、涵养政治生态、防范政治风险、永葆政治本色、提高政治能力。做好乡村基层党组织的政治建设，需要从以下三个方向入手。

（一）坚持"两个维护"

习近平同志在十九大报告中指出，党的政治建设是党建工作的根本性建设，决定着党建工作的方向和效果。保证全党服从中央、坚持党中央统一领导，是党的政治建设的首要任务。要做好党的政治建设就需要坚决做到"两个维护"，即坚决维护习近平同志党中央的核心地位和全党的核心地位，坚决维护党中央集中统一领导和维护党中央权威。[1]

坚持"两个维护"，首先需要夯实乡村基层党组织的思想基础，即乡村基层党员干部要坚持以马克思列宁主义、毛泽东思想、邓小平理论、"三个代表"重要思想、科学发展观以及习近平新时代中国特色社会主义思想为指导。通过理论的学习和认知，来提高党员素养、巩固对党忠诚的思想。其次需要在推动乡村战略部署和落实工作上下功夫，坚持"两个维护"不仅在思想层面，关键

---

① 吕虹.新时代农村党建实务与创新手册 图解版 [M].北京：华文出版社，2019：34-36.

还要看行动表现，最终以效果来验证。乡村基层党员干部需要精准承接党中央的部署和安排，通过强化任务部署、明确目标、精准用力的方式，实现任务的快速落实；同时通过强化监督考核，来促进工作真正落地、责任真正落实。最后需要严格规范乡村基层党组织的政治纪律和政治规矩，使基层党组织全员的政治立场、政治方向、政治原则和政治道路能够和党中央保持高度统一。同时要在加强基层党组织党风廉政建设、贯彻从严治党责任方面下重手，大力开展反腐倡廉教育来提高基层党员干部反腐不腐的自觉。

（二）增强"四个意识"

"四个意识"是在 2016 年中共中央政治局会议上首次被提出，分别是政治意识、大局意识、核心意识、看齐意识。乡村基层党员干部是党和乡村连接的重要桥梁，因此通过增强"四个意识"提升乡村基层党员干部的素养和能力，会对党在乡村发展中地位的巩固、执政基础的夯实影响深远。

首先，增强政治意识。增强政治意识是为了让基层党员干部时刻保持清醒的政治头脑，能够通过政治意识的引导不断强化党的组织观念、坚定对共产主义的信念、坚定建设中国特色社会主义的共同理想，从而实现全党在政治思想和政治行动上的高度统一。增强基层党员干部的政治意识，需要在加强党的理论学习的基础上，培养党性修养，并能够用党的政治思想武装头脑，做到坚定政治信仰和政治立场，坚持正确的政治方向，始终将党和人民置于心中最高位置，一切行为导向均是为人民服务。

其次，增强大局意识。党的路线方针政策的真正实施和执行，必然需要下沉到基层。但若没有大局意识，乡村基层党组织在贯彻党中央的决策部署时，就无法真正认清方向和终极目标。因此，乡村基层党员干部需要树立高度自觉的大局意识，从大局去看待问题，并将工作放在全党范围内的大局中去思考和定位，正确认识大局、服从大局、维护大局，才能够在正确的方向上充分结合当地实际情况，从而创造性地落实中央政策。在此基础上，乡村基层党员干部还需要具备勇于担当敢于负责的精神，从党和国家大局看待问题、思考问题、做出决策并进行实干，正确把握全局和局部的关系、整体与个体的关系、长远与当前的关系，真正意义上让党中央的政策落地，并令民众得到实惠，看到未来。

再次，增强核心意识，即坚持"两个维护"，紧密团结在党中央周围，在思想、政治、行动等各个方面都和党中央保持高度一致。在乡村基层党建工作中，乡村基层党员干部需要充分发挥党组织和领导班子的核心地位和作用，贯彻落实民主集中制，充分调动所有党员同志的积极性和主动性，发扬党内民主，推动党员同志的创造性，保证全党团结一致、行动一致，但又要做到各项事业以现实为基础，始终将人民的利益放在首位，这样才能汇集民心，促进广大群众团结在党中央周围，共同为实现伟大目标而努力。

最后，增强看齐意识。乡村基层党组织是贯彻党中央路线方针政策的神经末梢，也是党的工作和战斗力的核心基础。因此乡村基层党组织应该时时刻刻将向党中央看齐作为思想、政治和行动准则，这样才能做到全党齐心齐力完成党中央的任务。乡村基层党组织看齐意识的增强，需要以学习为基础，通过系统、准确理解党中央的思想和精神，围绕统一的目标行动，肩负起党中央的政治重任，承担起乡村振兴的历史责任，并在行动上积极进取，这样才能够做到表里如一，真正夯实党的执政根基，确保实现中国特色社会主义伟大事业。

（三）依党章严肃党内政治生活

党章是党的根本大法，也是全党必须遵循的总规矩。乡村基层党组织是党建工作的力量源泉和执政根基，因此必须加强基层党员干部学习党章、遵守党章、贯彻党章、维护党章的理念，严肃基层党组织内部的政治生活，营造健康、生机蓬勃的基层政治生态。

首先，乡村基层党组织需要形成自觉学习党章的习惯和态度，只有基于内心深处的自觉去学习，才能够深入领会党章的内容，并最终做到融会贯通。具体则可以在乡村基层党组织推进"两学一做"的教育实践活动，开展"三严三实"专题教育，以确保学习党章不仅仅流于表面和理论，还能够联系实际、针对现实深入思考，最终唤醒基层党员干部的党章意识，学会发现不足、短板、弱项，并按党章要求进行补足，有效提升党建能力和履职能力，做到将党章融会贯通甚至成为本能。

其次，乡村基层党组织需要严格遵守党章，这是党员行为规范的总要求和根本，通过自觉学习党章并将其内容融会贯通，使每个党员都能以党章为指导思想，约束自身的言行，不断提高自身的政治觉悟、提升行为先进性、强化工作成效，严格以合格党员标准要求自身，最终成为名副其实的共产党员。

再次，乡村基层党员干部需要贯彻党章内容到基层工作中，通过实践牢固党章意识、提升党性修养。党章规定是党建工作、党组织活动的根本依据，只有时时刻刻以党章为根本依据，处处贯彻党章内容，确保各项基层工作均符合党章的要求和规定，才能进一步提高基层党员干部维护党章崇高地位的自觉性和自豪性。党性修养的提升，需要党员通过政治意识武装头脑，强化党的意识，时刻牢记共产党员的身份，忠诚于组织，自觉恪守为党工作的第一职责，并严守自身的政治纪律和政治规矩，于实践中提高自身的政治能力，端正作风，不断提高自身的道德境界，培养自身严于律己、大公无私、密切联系群众、实事求是的工作风格，切实履行作为一名党员、一名领导干部应尽的责任和义务。

最后，通过学习党章、遵守党章、贯彻党章，推动乡村基层党员干部规范、衡量、约束自身行为，从而做到政治方向坚定、思想不偏向、行为不失范，最终将对党章的敬畏和尊崇提升为内心的责任感和使命感，身体力行，自觉维护党章的权威。

二、基础·乡村基层党组织的思想建设

俗话说，只要思想不滑坡，办法总比困难多。乡村基层党建工作的层次，取决于基层党员干部思想认识的高度；而思想认识的高度则取决于思想建设是否扎实。这是党的基础性建设，推进乡村党建首先需要在思想层面拥有高起点，树立和坚定崇高与远大的理想，在提高思想认识的过程中做到统一思想并解放思想。加强乡村基层党员干部的思想建设，对贯彻新时代党的建设总要求、党的组织路线、党的方针政策、培养忠诚有担当的高素质专业化党员干部队伍等，都具有极为深远的意义。具体的思想建设需要从以下几个角度着手。

（一）深化理论武装

中国共产党自诞生以来就一直高度重视党的思想建设，并将其定位为党的工作的理论依据和行动指南。只有理论上清醒，政治上才能坚定，思想上才

能敏锐，行动上才能自觉。中国共产党在成长过程中，始终坚持马克思列宁主义，并坚持辩证唯物主义和历史唯物主义，用革命、建设、改革等实践不断对其进行丰富和发展，形成了马克思主义中国化的理论成果，即坚持将马克思列宁主义、毛泽东思想、邓小平理论、"三个代表"重要思想、科学发展观、习近平新时代中国特色社会主义思想作为党的工作和发展的指导思想。

党的十九大作出了重大政治论断——中国特色社会主义发展进入新时代。进入新时代就需要通过新思想进行引领，自党的十八大以来，以习近平同志为核心的党中央，系统地对新时代中国特色社会主义的发展方向进行了回答，形成了习近平新时代中国特色社会主义思想。乡村基层党组织要以新时代的新思想武装自身，系统学习党中央对"三农"工作的战略部署，加深对党的方针政策的理解，从而深化对理论的认识，明确工作思路，以扎实的理论来引领工作行动，促进"三农"工作的健康推进。只有深化理论武装，才能保持清醒的头脑向党的伟大目标稳步前进。

（二）坚定理想信念

坚定理想信念是中国共产党人的政治灵魂和精神支柱，更是全党团结一致的思想基础。党是否坚强有力、生命力是否旺盛，就取决于全党的理想信念是否坚定，反映在每一位党员身上，则是各个党员的理想信念是否坚定。不论遇到何种问题和困难，只有理想信念足够坚定，才能够从中获取源源不断的精神力量，从而支撑自身迎难而上最终获得胜利。坚定理想信念是党的思想建设的核心内容，只有全党能够牢记党的宗旨，挺起共产党人的精神脊梁，才能自觉践行党的规章制度并不断提升自身，发挥出共产党人的光和热。乡村基层党组织是贯彻执行党中央的"三农"政策，并带领乡村振兴发展的第一前线，肩负着极为重要的责任。可以说乡村基层党员干部的思想状况，将直接影响乡村的发展和稳定。只有加强乡村基层党员干部的思想建设，以坚定的理想信念筑牢乡村基层党员干部的精神核心根基，才能培养出乡村基层党员干部坚定的信念，即坚信马克思主义、坚信社会主义和共产主义终会实现的信心。

2016 年，习近平同志在庆祝中国共产党成立 95 周年大会上曾指出："坚持不忘初心、继续前进，就要坚持中国特色社会主义道路自信、理论自信、制度自信、文化自信，坚持党的基本路线不动摇，不断把中国特色社会主义伟大事业推向前进。方向决定道路，道路决定命运。中国特色社会主义不是从天上掉下来的，是党和人民历尽千辛万苦、付出巨大代价取得的根本成就。中国特色社会主义，既是我们必须不断推进的伟大事业，又是我们开辟未来的根本保证。全党要坚定道路自信、理论自信、制度自信、文化自信。"

乡村基层党员干部只有坚定对马克思主义的信仰和对社会主义的信念，坚定对人民的忠诚，才能够立根固本，从而逐渐培养出对中国特色社会主义道路的"四个自信"，也才能够在瞬息万变的社会发展大潮中拥有强大的精神抵抗力和免疫力，坚定地向实现乡村振兴和实现中国特色社会主义的共同理想而努力和奋斗。

三、固本·乡村基层党组织的组织建设

乡村基层党组织是党执政的核心根基，不论是从国家发展和社会发展层面，还是从乡村振兴发展层面，乡村基层党组织的组织建设都是党不断发展壮大的长远之计和固本之举。中国特色社会主义发展步入新时代，要实现乡村振兴就离不开乡村基层党组织的领导和扎实工作，而加强乡村基层党组织建设，提升其组织力，强化其政治功能，发展其宣传力，发挥其引领力和团结群众能力，才是推动乡村深化改革，最终实现乡村振兴的固本保障。具体可以从以下几方面加强其组织建设。

（一）提升乡村基层党组织的组织力

乡村基层党组织是乡村振兴工作的基础，若没有组织力就不会拥有强大的凝聚力和战斗力。只有发挥出基层党组织的组织力，才能提高领导力，团结群众共同推动乡村改革的发展。要提升乡村基层党组织的组织力，就要从四个方面下功夫。

第一，突出基层党组织的政治领导力。这需要基层党组织能够自觉贯彻党的主张，引领乡村基层治理的方向，以人民群众的利益为核心，自身先从政治上、思想上、作风上、纪律上做到"打铁必须自身硬"，将全面从严治党向乡村基层治理延伸，从而做到落实党中央的路线方针政策，确保乡村基层治理政治方向准确。

第二，提升基层党组织的思想引领力。基层党组织需要做到"两个维护"，通过"两学一做"来完善思想建设，从而和党中央的思想保持高度一致，这样才能坚定理想信念，引领乡村群众向共同的方向去奋斗。另外，提高基层党组织的思想引领力还需要党员干部不断自我完善、自我革新、自我净化，着力解决工作过程之中遭遇的困难和问题，严格乡村党内组织生活并提高组织观念，使自身成为示范和标杆，这样才能够有效激发人民群众紧紧跟随。

第三，提高基层党组织的群众凝聚力。这需要从四个角度入手，首先是基层党组织要始终坚持全心全意为人民服务的宗旨，将赢得民心民意和汇集民智民力作为乡村工作的基点；其次是贯彻落实党中央的各项惠农政策，真正从农民群众遭遇的问题着手，帮助他们解决生产生活中的困难和问题，做好服务工作，维护群众利益；再次是需要全体党员能够真正融入乡村，植根于广大农民群众中，与群众打成一片，共同去排解群众的忧虑；最后是严格执行党的群众纪律，规范乡村党员干部的各种行为，做到党风严正、纪律严明，通过严于律己宽以待人的行为模式提高群众的凝聚力。

第四，提高基层党组织的发展推动力。乡村振兴需要做到改革发展的快速推进，作为乡村基层党员干部，基本要求就是要真正懂得农业、真心爱戴农村、真切爱惜农民，这样才能在工作中站在农民群众的角度去看待问题和困难，解民忧顺民意，从而将党的组织资源转化为推动乡村发展的资源和优势，最终快速推动乡村振兴的发展。

（二）优化乡村基层党组织设置

中国特色社会主义已经进入新时代，乡村的发展也进入了大转型和深入改革的关键时期。在新形势之下，乡村发展工作的新困难和新问题都对乡村基层党组织的设置提出了更高的要求，因此在这个关键时期，需要对乡村基层党组织的设置进行适当优化，可以从两个角度着手。

1.有效提升基层党组织的覆盖力

要积极推进党组织能够有效嵌入乡村各个社会基层组织之中，覆盖到乡村各类群体，以发挥基层党员干部的领导力和引导力。

第一步需要扩大组织的覆盖面，突破原本按单位和区域设置基层党组织的框架，积极应对乡村经济和社会的发展变化，针对乡村社会服务组织中的空白，加强合作社、企业、社会组织、服务组织等建立党组织的力度，甚至对尚不具备组建党组织的区域，加强党的工作，做到人在哪里党员就在哪里。通过全面覆盖的方式来提高党组织的铺展面积。

第二步需要创新党组织设置，根据不同乡村的不同情况，秉承有利于加强党的领导和组织生活，有利于加强党员管理监督和密切联系群众的原则，充分整合各种乡村基层党组织，推进各个部门、单位、组织协同联动，创新探索村企联建、村村联建、企企联建、村居联建、机关联建等各种跨区域联合建立党组织的模式，充分优化党建资源配置，实现乡村资源的最大化运用，真正实现党组织从有形覆盖到有效覆盖。可以根据新型农业经营主体不断涌现的现状，通过非公企业和社会组织的党建活动，建立示范基地、联合会、合作社等组织，将党组织建设在其中；可以根据行业特性、居住特性、兴趣特性等，灵活设置不同类型的党支部组织，包括文化娱乐型、社会服务型、体育健身型、排忧解难型等特色型党支部；可以通过强村带弱村、富村带穷村的方式，开拓村村联合党建工作，实现乡村抱团发展共同提高。

2. 加强乡村基层党建工作的规范化

乡村基层党组织的设置优化，不仅需要从外在组织设置着手，还需要从内在组织设置着手，即围绕乡村基层党建工作进行标准化、规范化建设。具体需要从五个方面加强。

一是要规范乡村基层党组织的组织保障，首先要严格乡村基层党组织的换届选举，推动基层党组织领导班子规范化建设，需要对领导班子进行选优配强，创新党组织带头人的培养选拔，以发挥先锋模范作用为标准，加强带头人的教育管理监督，推动组织保障的标准和规范；其次要紧抓党建工作保障机制，需要根据不同乡村特性，做好基础设施的完善，确保党组织能够良好运转。

二是规范乡村基层党建工作责任制的推进，明确乡村基层党建标准体系，规范工作程序，制定对应的规章制度，从任务层面推进工作责任制的实施。可以根据乡村基层党组织中的党支部、支部书记、党员这三个责任主体来合理划分职责任务，细化工作和服务项目，具体的工作则落实到人落实到事，构建完善清晰的工作责任机制。

三是规范村级阵地的建设。乡村基层党组织工作的主要平台就是村级阵地，乡村基层党组织需要根据不同村的情况，完善村级阵地的功能。比如，将培训学习、党建工作落实、乡村服务、组织议事等融为一体纳入村级阵地，不仅能够完善其功能，还可以提高管理效能。

四是规范党组织的生活制度，需要严格落实"三会一课"制度，并建立对应的评价体系，以落实"三会一课"制度的结果和成果为导向，推动党内生活制度规范化、常态化。

五是规范党组织的档案整理，要根据规定做好党内各项活动的记录和资料的整理，以实现档案资料规范化管理，包括党建工作资料、党员培训教育资料、从严管党治党资料等，党员、入党积极分子、入党申请人、流动党员的详细资料等，"三会一课"制度的记录和成果资料等，党组织活动、模范事迹、党费收缴、影像音频资料等。

（三）加强乡村基层党组织队伍建设

乡村基层党组织建设的成效，最关键的就是其中的主体，即党组织带头人队伍和党员队伍。

1.带头人队伍的建设

带头人队伍的建设需要从四个角度入手。

一是抓好换届选举，选举过程中要充分发扬基层民主精神，严格遵循依法依规原则，切实做到换届选举卓有成效；选举时要严格选人标准，必须将政治标准放在首位，同时解放思想开阔视野，打破身份、职业、性别限制，拓宽选人渠道，做到在满足政治标准、思想标准的基础上，唯才是用、唯才是举。

二是强化自身的提升和建设，带头人队伍作为基层党组织的领导者和引导者，必须具备高素质和专业化水平，这就需要不同乡村根据实际需要加强对带头人的教育培训，包括源头培训、跟踪培养、全程培养，将带头人的提升贯穿始终。

三是完善考核评价体系，不仅需要将考核评价融入日常，全方位多渠道进行，还需要根据带头人完成艰难险重任务和问题时的表现完善评价体系。首先，要做到积极开展党建述职评议，不仅要双向述职，还需要多讲问题少讲成绩；其次，要将日常考核测评和述职评议结果进行量化，完善分析指标，明确评价和考核方式；最后，坚持将评价过程、结果和实际成绩进行公开，促进评价体系客观化科学化。

四是建立和完善激励机制。首先，要做到重实干、重实际成绩的用人导向，以行动和成果激励全员；其次，要将物质激励和精神激励结合，将其和日常考核评价挂钩，激发带头人的工作动力；最后，要真心关爱带头人，基层带头人是奋战在乡村振兴工作第一线的领头人，党组织要给予他们足够的支持和理解，在严格管理的原则下，还需要真心关爱，切实舒缓带头人的情绪压力。

2. 党员队伍的建设

党员队伍的建设需要从三个角度入手。

一是从党员队伍发展的源头提高队伍质量。首先，需要优化党员队伍的结构，要探索多层次多渠道吸纳党员人才的路径和方法，注重从各行各业挖掘人才，并注意党员年龄和文化结构的科学建构，从源头提高党员能力。其次，要严把党员入口关和程序关，坚持党章规定的党员标准，尤其是政治标准需要放在首位，慎重发展党员，在保质的基础上逐步吸收；另外需要严把入党程序，有领导、有计划、有步骤地进行，保证程序标准高效。

二是强化党员的教育和培训，需根据党员的不同类型和不同素质，丰富教育内容、优化教育方式、改进教育手段、提高教育质量，有针对性地强化培训，做到强化思想教育提升党员党性修养、提高培训实用性加强能力素质、灵活教育形式和内容，提高教育实效，因材施教、按需施教培养党员人才。

三是加强对党员的管理，通过教育和引导推动党员严格履行义务，并保障党员能够行使自身权利，提高党员的组织观念，维护好党组织内部的正常工作秩序；同时充分发挥党内民主，提升党员参与度，尊重党员主体地位，落实其知情权、选举权、监督权等，推动党员为党建工作出谋划策；另外，要建立健全的评议考核机制，通过各种评定考核来突出双典型，做好对党员的监督管理，强化党员的自律意识和奋进意识，对丧失党员条件者要严肃处理，保证党员队伍的纯洁性先进性。

（四）创新乡村基层党组织的活动

乡村基层党组织通常是按地域划分设置，党员的活动通常是开会和集体学习，形式、内容等均较为单一，因此很容易令活动流于形式浮于表面。在新时代背景下，乡村基层党组织的服务对象、工作环境均产生了变化，因此开展活动也需要顺应新形势和新要求，创新活动的内容和形式，切实提高活动的效用。具体可以从以下三个方向进行创新。

首先，活动内容要更具时代性，新时代背景下党组织活动需要融合新思想、新任务，需要将活动内容和国内外形势相融合。从现状和未来分析，结合乡村实际，实时更新对应内容，令党员干部第一时间接触到前沿理论和知识。同时，也应该发挥基层党员干部的积极性，推动其参与方案策划和内容设计等方面，创新活动内容的时代感和新鲜感。

其次，活动形式要更加多样化。相对而言，"填鸭式"、灌输式学习和教育方式均不利于内容和知识的传承。在互联网时代，不仅需要令活动内容更具时代性，展示活动内容的方式也应该更具时代性。比如，将新媒介、新技术、新传播手段等纳入活动形式体系中，通过网络平台实现将单向传输转化为双向互动，提高参与感和趣味感，从而加强内容的接受度和内容普及效率。

最后，党组织活动要实现开放包容，比如，要打破活动管理的限制，跳出原有的封闭格局，根据活动内容适时进行公开展现，促进党员和群众互动、接触、融入；还可以打破原有的独立党组织活动模式，推行跨区域、跨行业、跨功能多向融合活动形式，促进不同行业组织的活动交流，提高活动的范围和深度。比如，大力开展网络党建，建立跨地域联网党建信息平台，实现跨区域活动资源共享，借助新媒体等现代化技术开展创新性特色活动，吸引更多党员参与。

四、保障·乡村基层党组织的制度建设

制度建设是乡村基层党组织建设的重要组成部分，具有根本性、全局性、稳定性和长期性，是全面从严治党和依规治党的必然要求，也是乡村"三治合一"治理体系建构的重要保障。乡村基层党组织的制度建设需要从以下两个角度着手。

（一）健全乡村基层党组织的制度体系

乡村基层党组织的制度体系主要包括组织制度、集体领导制度、组织生活制度、监督制度。

1. 组织制度建设

组织制度的核心是以党章为根本的民主集中制，党就是根据纲领和章程，基于民主集中制组建起来的统一整体。贯彻民主集中制，有利于在乡村基层党组织发扬党内民主。

健全民主集中制需要做到以下三点：一要确保党员的民主权利，党组织需要坚持重大决策听取各方建议和意见的方式，鼓励党员讲真话；二要营造出平等和谐的内部班子氛围，虽然党组织班子中有上下级关系，但工作过程中应该尊重各个成员的特性和能力，做到广开言路、集思广益，允许讨论、申辩、有不同意见等；三要运用科学的民主决策程序，即"三征四议三公开"民主决策办法，落实好党员的各项权利并提高其民主意识，确保民主集中制的贯彻执行。

在民主集中制基础上，还需健全党群议事会制度和乡村基层党组织的选举制度。党群议事会是乡村基层党员干部和群众共同参与民主协商、民主管理、民主监督等的乡村基层服务组织，通常由村党支部和村委会负责召集。健全党群议事会制度需要完善议事程序，确保议事会有序规范运行；还需完善配套机制来有效提升议事会的议事质量，可以采取联系负责制度或民主监督制度，或采用教育培训制度或考核管理制度，实现对议事质量的监督和议事质量的提升。

乡村基层民主选举是乡村基层党内民主的重要表现方式，党的各级代表大会的代表和委员会，均需要体现出选举人的意志，因此要不断完善乡村基层民主选举制度，调动党员政治热情，推动党内民族的实施。在民主选举过程中，首先要提前做好调研和宣传，提高基层党员的权利意识；其次要尊重民意，对候选人和参选人都要进行严格的资格审查；再次选举模式可实行差额选举，做到好中选优；最后要规范民主选举的程序，让每个选举过程均在群众监督之下，发扬真正的民主。

2.集体领导制度

乡村基层党的集体领导制度主要包括两个内容：一个是集体领导与个人分工负责结合的制度；另一个是乡镇党的代表大会制度。

集体领导和个人分工负责结合的制度是各级党组织实行正确领导的保证，其中集体领导是党的领导的最高原则之一，也是民主集中制原则在领导制度中的体现；个人分工负责则是党员履行职责、自觉承担对应工作任务的体现。建立完善的集体领导与个人分工负责结合的制度，需要从以下五点着手：一是坚持党组织的领导核心地位，建立完善的议事原则和表决制度；二是集体作出决定和决议后，要做好具体工作、任务、职责分工，实行个人分工负责制度，防止某人或少数人说了算的情况，也要防止无人负责的情况；三是要坚决反对独断专行或各自为政，党组织是一个集体，需团结统一方能提高工作质量和效率；四是党组织要从大局上掌控各项工作的方向，避免上推下卸情况的发生；五是党组织的领导班子要加强责任意识培养和全局意识培养，既要能够掌控大局，又能团结党员统一行事。

乡镇党的代表大会是党组织讨论和决定重大问题、选举党的委员会所召开的会议，完善乡镇党的代表大会制度，需要在加强乡村基层党建工作的基础上，完善乡镇党代表年会制度，在年会中贯彻和落实民主集中制，尊重党员的基本权利，并保障党员权利得以行使；乡镇党代表年会的组织需要按时召开（每年一次）、合理安排会议内容（从各级报告和述职、建议提案等中寻找问题，根据现实需求进行讨论和决议）、做好会议的组织工作（通常由乡镇党委召集和主持，大会代表要实行任期制）。

3.组织生活制度

党的组织生活是党内政治生活的重要载体，也是党组织对党员进行教育、管理、培养、监督的重要形式。健全基层党组织的组织生活制度，能够增强党组织的活力和规范党员的精气神儿，具体需要从五个方面进行完善。

一是要坚持"三会一课"制度，突出政治学习和教育来锤炼党员的党性修养；二是要坚持民主生活会和组织生活会制度，这是党员和党组织挖掘问题、探讨问题、解决问题、剖析问题的重要渠道；三是要坚持谈心谈话制度，通过党员干部之间的日常谈心和谈话，进行思想的交流和意见的交流，整体促进党组织的净化和提升；四是要坚持民主评议制度，以此督促党员强化意识、增强观念、提高党性、锤炼思想；五是要坚持请示报告制度，即强化基层党组织的组织观念，工作中的问题要按程序和规定向组织请示报告，提高纪律意识。

4. 监督制度

监督是完善权力运行的根本保证，也是规范党内政治生活的重要举措和方式。基层党组织的制度建设必须要完善监督制度，形成有权必有责、用权必担责、滥权必追责的综合监督体系，可以从三个角度入手。

首先，建立健全村务管理规范流程，包括民主决策机制、议事规则、述职制度、勤廉述职制度、村民质询制度、民主评议制度、经济责任审计制度等；其次，将乡镇和村的财务管理、党务和村务进行公开，健全公开制度，规范资金监管体系，也规范民主评议、考核、审计体系，落实从严管党治党；最后，要完善乡村基层党组织的监督体系和提高监督力度，综合而言，乡村基层党组织需要接受三个角度的监督：县和乡镇两级纪委的监督，村务监督委员会和村级纪检委员的监督，群众、村民代表及两代表一委员的监督。

（二）加强乡村基层党组织的制度管理

健全乡村基层党组织的制度体系后，还需要加强对乡村基层党组织的制度管理，这才是检验制度建设成效的重要标准。要做到制度的严格执行，需要从以下几个方面着手。

首先，要坚持以上率下的原则，即乡村基层党员领导干部需要以身作则、严于律己，带头遵循制度条例和规范，通过示范性作用和榜样作用来引导广大基层党员干部深刻认识制度的价值，最终促使整个党组织将制度转化为全员的行为准则和自觉行动。其次，要强化制度落实的过程管理，通过对制度执行力的管理来确保制度执行到位且效用较高。需要对应健全制度的约束机制和监督检查机制，推动乡村基层党组织的制度建设和执行，与其他工作一同部署和落实，形成完整的体系。再次，要建立健全党组织和党员干部的评价考核机制，需要建立"两代表一委员"和乡镇驻村干部、村民代表等组成的评测小组，切实将党组织工作的考核机制落实到位，并将测评结果进行公示和归档，同时要完善考核奖惩制度，以便乡村振兴工作中产生的问题得以解决。最后，要加强对党员干部违纪违法行为的查处力度，坚持令行禁止、违纪必究和有案必查的原则，加强对基层党员干部的行为监督。要根据情节的轻重，由相关机关单位和部门进行追责，包括通报批评、调离岗位、责令职位变更处理、党纪政纪处分、司法处理等，通过惩戒有效发挥震慑作用，促进党组织的治理，最终实现从严管党治党的效果。

第三节　乡村基层党建体系的管理工作内容

乡村基层党建体系中所包含的政治建设、思想建设、组织建设和制度建设等，均属于乡村基层党建体系中的硬件建设；完善党建体系的建构，还需要注重软件建设，也就是乡村基层党建体系的管理工作，主要包括三方面的内容，分别是作风管理、纪律管理和反腐管理。

一、乡村基层党组织的作风管理

党的作风就是党的形象，乡村基层党组织的作风管理不仅关系到乡村振兴工作的健康推进，还关系到民心所向、关系到党的生死存亡、关系到国家的前途命运。从此角度而言，党组织的作风建设和作风管理必须贯穿党建工作始终。乡村基层党员干部的作风，是党和政府形象的具体体现，基层党员干部的形象不仅影响着乡村的执政根基，还直接影响着党与群众、党员干部与群众之间的关系，毕竟乡村党员干部直接战斗于一线，其对群众服务的意识、态度、方法、感情等，是否真正为群众办实事、做好事、解难事，甚至一言一行都会受到农民群众的关注。乡村基层党组织的作风建设和作风管理，需要从以下三个角度入手。

（一）围绕和贯彻党的群众路线

党的力量源泉是人民群众，群众不仅是历史的创造者，更是社会发展的真正动力，是决定党和国家前途的根本性力量。因此，民心才是最大的政治。乡村基层党组织的作风建设和作风管理，核心其实就是党和人民群众的关系问题。只有围绕和贯彻党的群众路线——从群众中来、到群众中去、一切为了群众、一切依靠群众，才能成为人民群众的公仆，也才能够获得民心。

1. 以民为本、为民服务

贯彻党的群众路线，就需要洞彻"为谁"的问题。乡村基层党组织要做到以人民群众为本，要把"为民"明确为党组织建设、发展和工作的重中之重。乡村基层党组织的工作要把"为民"作为根本出发点和落脚点，首先要树立以人民群众为根本的唯物主义观点，坚持人民主体地位、站稳人民立场、尊重人民意愿，这样才能在乡村振兴工作中切实发挥出农民的主体作用。其次要心系农民群众，走到群众之中去体察民情，真正想尽办法为农民群众排忧解难，让群众满意，这才是基层党组织一切工作的根本标准和价值取向。只有在想问题、做决策、办事情时着眼于广大农民群众的根本利益，时刻倾听群众心声，以民为本、为民服务，才能获取到民心，为乡村基层党建工作打下扎实的基础。最后要紧随社会发展步伐，改进和创新联系群众、心系群众的方法，乡村基层党组织要认真研究乡村的社会生活和经济生活新变化，掌握新时代乡村群众的特点和规律，改进和创新联系群众的途径，打造服务型乡村基层党组织。比如，可以利用互联网和传统媒体，搭建便民服务平台和综合服务平台，围绕平台的服务功能进行强化和改进，真正了解群众所思所想所忧，挖掘乡村改革和乡村振兴过程中的新问题，万众一心联系群众将其解决和克服。

2. 求真务实、着重落实

乡村基层党组织的工作，最重要的就是强化工作"怎么做"的问题，只有求真务实并着重落实，才是乡村基层工作最基本的方式。求真务实、着重落实首先需要党员干部做到在思想上实事求是，因为思想是行动的先导，只有坚持从实际出发研究和解决问题，避免空谈空想，才能规划出正确的实施策略，从而引导正确的行动。其次需要在基层工作中真抓实干，在实事求是的基础上，还要做到真心实意抓工作、脚踏实地做事情，这样才能将工作真正落实下去，实践才是检验真理的唯一路径。在工作过程中，要结合乡村工作的客观规律和乡村现实情况，说群众听得懂的话、将群众的事当作自己的事，同时要少一些习惯性应酬，努力提升工作效率，做到干实事且落地有声，并且要将事件作出结果，保持工作力度不断解决群众的切身问题。最后需要讲求实际成绩，要将实际成绩纳入评价考核机制，避免盲目追求政绩，应该以追求群众的长远利益为根本，真正让群众看到实际成绩，将工作的重点放在为民造福和致富群众方面，做群众看得到、摸得着、得实惠的实事。

3.清正廉洁、严于律己

乡村基层党组织的作风管理还需要完善工作做得"怎么样"的问题，这就要求乡村基层党员干部做到自我规范，将清正廉洁、严于律己贯穿贯彻始终，时刻将党和人民的利益放在首位。党员干部要做到严于律己、清正廉洁，首先需要强化自身的政治定力、坚定自身的理想信念，从精神和思想层面架构扎实正确健康的世界观、人生观和价值观，才能胜不骄败不馁，能经受住各种赞誉和诱惑的考验，不失党员本色。其次需要坚守信念防线、法纪防线和道德防线，为政要廉洁、办事要干净。党员干部要时刻树立权要为民所用的意识，通过秉公用权、规矩办事、原则行事，时刻保持清醒的头脑和冷静的思维，才能够洁身自好、廉洁奉公。在此过程中，党员干部还需要加强家风建设，拓展家庭助廉的途径，管好身边人来抵御各种外界诱惑。最后需要用好"批评和自我批评"这把锐利的武器，在贯彻群众路线的过程中时刻进行自我净化、自我革新、自我完善和自我提高，通过真心实意地"批评和自我批评"，找差距、明方向、挖问题、寻方法，通过时刻反思，及时发现和纠正不良作风的苗头和趋势，运用武器斩尽糟粕和弱点。

（二）落实中央八项规定精神

2012年中共中央政治局审议通过了关于党员干部改进工作作风，实现密切联系群众的八项规定：改进调查研究、精简会议活动、精简文件简报、规范出访活动、改进警卫工作、改进新闻报道、严格文稿发表、厉行勤俭节约。[①] 要贯彻落实中央八项规定精神，需要从以下三个角度入手。

首先，乡村基层党员干部要以身作则，时刻对照党章和廉洁自律准则反省自身，加强自身的党性修养，提升自身的道德情操，从带头人角度树立良好的

---

① 吕虹.新时代农村党建实务与创新手册 图解版 [M].北京：华文出版社，2019：100-103.

榜样和垂范，并实现抓取违反中央八项规定精神的专项整治工作常态化，带头严格执行相关规定并积极改进，实现自上而下的从严管党治党。其次，乡村基层党组织要强化监督检查，以营造健康严正的政治生态。尤其是乡村基层纪检监察部门要将监督执行中央八项规定作为常态化、经常性工作，执行好纪检，通过专项检查、随机抽查、暗访探查及时发现问题，提高监督检查的实效，推动基层党组织的政治作风符合中央八项规定精神。最后，乡村基层党组织要强化执纪问责，从严查处各种违纪违法案件，对违反中央八项规定精神的事件严查严处，整肃党组织的作风建设和作风管理，对构成违纪的党员要给予党纪政纪处分，绝不姑息，从严管理党组织的作风，推动全面从严管党治党的实现。同时，要用好问责利器，针对作风问题频发，党组织要严肃追究主体责任、监督责任和领导责任，从整体作风上予以肃清。

（三）坚决肃清基层党建工作的"四风"

"四风"问题，指的是形式主义、官僚主义、享乐主义和奢靡之风，这是群众极为深恶痛绝、反映也最强烈的关键性问题，其违背了党的宗旨和性质，对党的作风建设和作风管理影响极深，更会损害党与人民群众之间的关系。乡村基层党组织的作风建设和作风管理，是党建工作的根基，而且乡村基层党员干部是与群众打成一片的第一线，在乡村基层党建工作中加强作风建设，坚决反对"四风"问题，是贯彻党的群众路线和推动党与群众血肉联系的必然要求，也是全面从严管党治党的根基所在。肃清乡村基层党建工作的"四风"，需要从以下三个角度入手。

1.深入认识"四风"的危害

加强和改进党的作风建设和作风管理，最核心的内容就是要长久保持党和人民群众的血肉联系，"四风"完全脱离了人民群众，对乡村振兴的发展影响和危害极大。主要的危害体现在四个方面。

首先，会严重阻碍党中央重大决策在基层的贯彻执行。染上"四风"的基层党员干部会脱离实际且自以为是，对群众、科学、规律、决策等不尊重，从而会严重阻碍乡村振兴工作的切实推进，甚至会对乡村乃至国家事业造成巨大损失。其次，会严重危害农民群众的利益，包括做表面文章、搞形象工程、追求享乐、浪费国家资源、眼高于顶毫无实绩、对上唯诺对下漠视等。当人民群众不再是工作重心时，基层党员干部的任何工作都有可能对群众的利益造成损失和危害。再次，会严重败坏党在群众心中的形象。党的领导依靠的就是知人民疾苦、忧人民忧虑、解人民困境，通过和人民群众统一战线，发挥领导作用，不断为群众争取利益，才能最终得到民心。这些党的优良作风是代代党员传承而来的，是党的性质和宗旨的体现。若基层党员干部"四风"问题严重，就背离了党的优良作风，从而损害了党在群众心中的公信力和形象，甚至会对党的执政根基造成威胁。最后，会严重影响乡村治理现代化的推进。民风与官德息息相关，若基层党员干部不察实情、弄虚作假成风，贪污腐败、贿赂成风，生活工作奢靡、排场成风，不思进取、享乐成风，必然会影响乡村的民风，最终败坏整个社会风气，严重影响和阻碍乡村治理的推进。

2. 深入认识反对"四风"的重点

"四风"问题除了上述的表现之外，还有各种隐性和变异的对应问题，因此乡村基层党组织要深入认识反对"四风"的复杂性和持久性，需要在工作过程中始终绷紧头脑中的从严治党、坚守作风的弦，坚持从日常、从细节、从长久方面反对"四风"，及时且严厉地查处各种违纪违规行为，快速发现并及时从严处理，从根源处杜绝"四风"问题的发展和蔓延，最终还基层党组织作风康健的政治生态。

3. 贯彻纠正"四风"常态化习惯化

"四风"问题具有反复性和顽固性特征，因此乡村党组织要想形成优良的作风必须要贯彻纠正"四风"的常态化和习惯化。可以从三个角度推进。

首先，要坚持常态化的宣传教育，通过长期"三严三实"专题教育，不断加强党员干部的思想建设和政治建设，实现对党员干部理想信念的锤炼，要坚持实行问题导向，通过切实解决党组织中存在的问题来进行针对性教育和整治，确保问题归零。通过问题导向来围绕"严以修身、严以用权、严以律己，谋事要实、创业要实、做人要实"的要求，开展专题调研和专题教育，通过深入群众、了解实情来挖掘党员干部存在的问题，然后通过剖析问题溯源察正，针对性地寻找对策来解决问题。要善于运用反面案例加强警示教育，通过案例来强化党组织的党纪、国法观念，推动党员干部能够以此为鉴，严格自律；需要坚持常态化细节抓取，从小问题点拨、处理，来提高党员干部对"四风"的警戒心理。其次，要建立强力监督正风肃纪体系，以提高乡村基层党组织对"四风"问题的重视。可以采用严格的监督检查保证制度，加强对党组织领导班子的责任追求和监督，切实通过领导班子一抓到底；需要在基层党组织强化民主监督，调动广大群众的积极性，积极推动群众进行监督，设立对应的监督举报平台，来促使群众发挥时刻监督的作用；同时要加强执纪问责和纪律执行效率，坚持零容忍，对违规行为及时查处，并监督执纪问责体系，保证制度有效执行，落实纪律执行，充分给予党员干部警示。最后，要通过严格的制度约束来推进作风建设常态化，需要建立健全严密的刚性制度约束体系，通过常态化执行，发挥制度的效用，将纠正"四风"问题的成果用制度进行固定和强化，完成党组织作风管理体系的建构和完善。

二、乡村基层党组织的纪律管理

党的纪律建设和纪律管理是党建工作的保障和规范，能够不断推动党建工作质量的提高；而且加强党的纪律建设和纪律管理，是新时代乡村基层党组织贯彻全面从严治党的根本策略，影响着党的执政基础的牢固性和坚实性。因此必须在乡村基层党组织工作过程中严明党的纪律，用铁的纪律为党的工作、行为守好底线。党的纪律包括多项纪律，如政治纪律、组织纪律、廉洁纪律、群众纪律、工作纪律、生活纪律等。习近平同志在党的十九大报告中指出，要重点强化党建中的政治纪律和组织纪律，以此来带动党的其他纪律严起来。俗话说："无规矩不成方圆"。党的纪律就是党的规矩，是党的各级组织都需要遵守的行为规范和规则。若党的纪律不严，从严治党就将无从谈起，乡村基层党组织必须贯彻党纪面前人人平等的观念，推动全员遵守，以维护党的团结统一。乡村基层党组织的纪律建设和纪律管理，需要从以下四个层面进行。

（一）严明党的政治纪律

政治纪律是党的纪律中最重要也最根本的纪律。政治纪律是各项纪律的重要基础，只要做到政治上清晰明白，才能担负起执行和维护政治纪律和政治规矩的责任，也才能够推动全党严明政治纪律。

遵守党的政治纪律需要做到以下五方面的内容：一是必须维护党中央的

绝对权威，要坚持和加强党的领导并坚定执行党的政治路线，在任何时间任何情况下都需要在政治、思想和行动上，与党中央保持高度一致。二是必须维护全党的团结，要在工作过程之中，团结一切忠实于党的同志，必须绝对忠诚于党，决不允许散布违背党的理论、路线、方针、政策的言论；对坚持原则且敢于说真话的同志要给予支持和保护，鼓励所有党员能够光明磊落，说老实话、办老实事、做老实人。三是必须遵循党组织的工作程序，重大问题需要请示的必须进行请示，需要汇报的必须进行汇报，决不允许超越权限办事，要自觉维护党的政治规矩，对违反政治纪律的行为要坚决予以制止和批评。四是必须服从党组织的决定，不得违背组织的决定，决不允许搞非组织活动，包括不能纵容极端势力、民族分裂势力等恶势力存在，严禁在党内培植个人实力建立利益集团等。五是必须在严以律己的基础上管理好身边的工作人员和亲属朋友，对其运用特殊身份谋取非法利益要予以严厉制止，要从党员干部自身延伸到朋友圈和关系圈，整体严明政治纪律，避免任何人跨越纪律底线。

（二）严明党的组织纪律

党是中国特色社会主义事业的领导核心，而党的力量均源自组织，党的领导不仅体现在运用科学的理论和正确的路线政策引导社会发展方面，还体现在党的执政能力和执政水平方面，更重要的则体现在党的组织体系和强大组织能力方面。党的组织体系完善和组织能力的提升，靠的就是严明的组织纪律。在乡村基层党建工作中，各种复杂的人际关系和利益关系对党组织的党内生活带来了极大的影响，有时就会导致组织观念薄弱，从而导致组织纪律不严明，组织极为涣散。针对乡村基层党组织易出现的问题，必须要严明组织纪律，需要从三个层面着手。

首先，乡村基层党员干部必须增强党性修养。在基层工作中，党员干部在挖掘问题、认识问题、分析问题和解决问题的过程中，都需要站在党和人民群众的立场上做决策，而不能将自身的利益放在首位；另外在工作过程中，必须要以党章为基本遵循，遵守党章中的规定和条例，做到服从上级组织，坚持以民主集中制原则来处理各种关系，从根本上促进党内和谐和发扬党内民主，维护党组织的统一团结。其次，乡村基层党员干部必须正确对待党组织，坚守对党组织的忠诚，要做到言行一致、表里如一；要秉承一名合格共产党人的理念，敢于坚持真理，对组织的决定要不打任何折扣地执行。若认为组织决定有不妥，可以根据组织程序提出自身认为更加合理的建议和意见，但在整体决策并未进行改变前，应该不遗余力地执行组织的决定，不得寻找任何借口。最后，乡村基层党组织要肃清违反组织纪律的问题，针对违反民主集中制原则、不执行甚至擅自改变组织决定、少数人决定重大事项、党内搞非组织活动破坏组织团结的情形，绝对不能姑息；要针对违反组织纪律的情况及时进行对应的惩戒，以正组织纪律。

（三）做到自觉廉洁自律

2016 年 1 月，全新修订的《中国共产党廉洁自律准则》开始实施，其面向的是全体党员，强调的是自律，重点在于立德，从廉洁纪律层面对全体党员的行为作出了对应的规范。

乡村基层党组织的廉洁纪律的执行和强化，关键在于党员干部的自觉性，需要从小事小节入手，在细处加强个人修养，从一点一滴中正心明道、防微杜渐，培养自我约束和自我控制的意识及能力，养成工作、生活过程中在细微处不放纵、不逾矩，做到严格自律、自觉清正廉洁。乡村基层党组织的自觉廉洁自律需要遵循对应的规范，主要分为党员的廉洁自律规范和党员领导干部的廉洁自律规范。

作为一名合格的党员需要做到坚持公私分明，并正确处理公和私的关系，秉承先公后私，克己奉公，不为私欲、私利、私情所困惑和迷惑；要坚持崇廉拒腐，并正确处理廉和腐的关系，以廉洁为荣，以腐败为耻，清白做人干净做事；要坚持尚俭戒奢，并正确处理俭和奢的关系，秉承艰苦朴素勤俭节约的优良传统，树立正确的金钱观，杜绝奢靡之风；要坚持吃苦在前享受在后，正确处理苦和乐的关系，甘于奉献，时刻牢记全心全意为人民服务的共产党人宗旨。作为一名合格的党员领导干部，需要做到坚持廉洁从政，这是作为领导干部的立身之本和从政根基，要自觉保持人民公仆的本色，牢固树立正确的人生观、权力观，堂堂正正做官、服务于民；要坚持廉洁用权，要时刻牢记手中的权力是党和人民群众所赋予的，其目的和作用是为民服务、为党分忧；要自觉维护人民群众的根本利益，避免利欲熏心，以权谋私；要坚持廉洁修身，不断加强党性修养的提升，时刻将党和人民放在心中，并以党纪国法为标杆，时刻自省自励，提高道德境界和心理境界；要坚持廉洁齐家，注意家风的培养和修正，良好的家风才是良好党风及社会风气的根本，党员领导干部只有自觉在家风建设中成为标杆和榜样，带头树立良好家风，才能避免作风偏移，避免违反纪律。

（四）运用监督执纪"四种形态"

乡村基层党组织的纪律管理，除了需要加强纪律教育、强化纪律执行之外，还需要运用好监督执纪的"四种形态"，通过抓早，实现纪律建设的完善；要令党员干部知敬畏、守底线，能够在监督和约束的环境之中发挥自身最大的正向力量。监督执纪的"四种形态"分别是经常开展批评和自我批评，经常进行约谈函询；要让党纪轻处分、组织调整等惩戒形式，成为大多数违纪处理手段；要让党纪重处分、重大职务调整等惩戒形式，成为少数违纪处理手段；要让严重违纪涉嫌违法立案审查等惩戒形式，成为极少数违纪处理手段。[①]

与此同时，还需要完善监督执纪问责体系，需要做到以下六项：第一，落实基层党组织监督"两个责任"，即落实县党委和乡村基层党组织主体责任，纪委负监督责任；第二，重视基层纪检监察队伍的建设，需要配齐加强纪检干部队伍，并为基层纪检组织创造良好的工作环境；第三，强化上级监督，要加强上级党组织对下层党组织的监督和管理，有效发挥早发现早处置的手段，尽早阻断违纪行为；第四，增加监督的频率，延伸监督的触角，要坚持处处检查、时时监督，令党组织、党员干部在监督范围内感受到监督压力，以推动健康党组织氛围的实现；第五，落实党内谈话函询制度体系，通过提醒式谈话、诫勉式谈话等，及时发现纪律问题的苗头，并及时进行处理和阻断；第六，将党内监督和党外监督进行融合，党内监督是重点和保障，党外监督则是强化措施，即通过人大监督、民主监督、行政监督、司法监督、审计监督、社会监督、舆论监督等制度的建设，形成科学有效的监督体系，推进监督合力发挥作用。

---

① 吕虹. 新时代农村党建实务与创新手册 图解版 [M]. 北京：华文出版社，2019：131-136.

三、乡村基层党组织的反腐管理

乡村基层党员干部身处乡村改革和乡村振兴发展第一线，关乎的是服务群众最重要的一环，基层党员干部的行为规范和履职能力，直接影响着民情、民声和民意。加强乡村基层党组织的反腐管理，对落实党中央的路线方针政策，促进乡村振兴发展，维护乡村人民群众利益等都具有极为重要的意义和作用。乡村基层党员干部虽然处于最基层，但却领导和掌管着乡村振兴发展的各项事务以及乡村人民群众生活的方方面面。随着乡村振兴发展的推进，乡村社会经济也得到了快速提升。在这样的关键节点，更应该注重乡村基层党员干部的反腐管理。具体可以从以下两方面着手。

（一）强化乡村基层党员干部廉洁履职规范

腐败现象并没有大小之分，只要对乡村振兴的发展起阻碍作用、对乡村人民群众的生活造成不良影响的行为，都属于乡村基层党员干部的腐败行为。

2011年，中共中央、国务院印发了《农村基层干部廉洁履行职责若干规定（试行）》（简称《规定》），这是中国第一个规范农村基层干部行为的廉政准则，也是反腐延伸至乡村基层的重要体现。《规定》分别对乡镇党员领导班子、基层站所负责人，和村级党组织领导班子、村委员会成员等廉洁履行职责的行为规范进行了详细阐述。具体规范可以参照下表（表3-1）。

表 3-1　乡村基层党员干部廉洁履行职责行为规范概览

针对对象	禁止行为	禁止行为详列	六要六不要
乡镇领导班子成员、基层站所负责人	禁止滥用职权侵害群众合法权益	非法侵占征占乡村资源	1.要解放思想、与时俱进，不要因循守旧、不思进取 2.要求真务实、量力而行，不要虚假浮夸、盲目攀比 3.要尊重民意、依法办事，不要强迫命令、独断专行 4.要艰苦奋斗、勤俭节约，不要贪图享乐、铺张浪费 5.要廉洁自律、公道正派，不要以权谋私、与民争利 6.要崇尚科学、移风易俗，不要搞封建迷信活动、婚丧喜庆不大操大办
		违反乡镇土地规划进行审批	
		违反规定动用乡村集体财产或专项资金	
		违反规定干预乡村基建	
		违反规定惩戒群众	
		对违纪违法行为隐瞒不报	
		其他滥用职权侵害群众合法权益的行为	
	禁止运用职务之便谋取不正当利益	索取收受财物等	
		管理服务中违反规定谋私利	
		由乡镇各种组织支付个人费用	
		挪用公款或群众财物	
		利用职务谋私利	
		其他利用职务之便的不当行为	
	禁止搞不正之风损害党群关系	违反规定任用干部，选举中拉票贿选	
		弄虚作假骗取荣誉和利益	
		分配资源违规且有失公平	
		漠视群众、故意刁难群众	
		公款消费大吃大喝大玩大用	
		大操大办婚丧事宜或趁机敛财	
村党组织领导班子、村委会成员	禁止选举拉票贿选破坏选举	违反程序进行选举，弄虚作假	
		运用不正当手段参选或妨碍村民行使选举权和被选举权	
		利用手段干扰、操纵、破坏选举	
	禁止决策中独断专行以权谋私	违反规定处置集体资源等，损害集体利益	
		违法违规处理流转土地承包经营权和农民宅基地等	
		违规挪用拨款物资、捐赠物资等	
		对乡村项目等经营活动暗箱操作谋取私利	
		利用权限加重农民负担（超范围、超标准筹资筹劳，乱收费等）	

针对对象	禁止行为	禁止行为详列	六要六不要
村党组织领导班子、村委会成员	禁止滥用职权损公肥私	用手段挪用乡村集体资产资源	
		管理乡村事务等吃拿卡要、故意刁难	
		违反程序报销或设立小金库	
		弄虚作假骗取各种补偿金扶持金	
		擅自挪用集体款物，以公肥私	
		滥用职权挥霍浪费，以公担负个人费用等	
	禁止监督中弄虚作假	违反民主理财规定，私自变动财务会计资料	
		阻挠村民行使各种监督权利	
		阻挠经济审计或重大事项审计	
		阻挠监督检查或案件查处	
	禁止破坏社会管理秩序	参与纵容黑恶势力活动	
		组织参与破坏社会秩序的活动	
		参与各项违纪活动或提供便利	
		违反或纵容计划生育政策	

（二）落实乡村基层党员干部反腐倡廉工作

反腐倡廉是加强党的建设的重要工作，乡村基层党建工作是党的执政根基，因此要将反腐倡廉工作作为乡村基层党建的关键环节进行落实。乡村基层党组织要从当地实际出发明确反腐倡廉工作的重点，并运用强力措施抓好落实情况。落实乡村基层反腐倡廉工作需要从三个方面着手。

1. 加强教育，推动思想层面"不想腐"

乡村基层党组织腐败现象的出现，均是从思想开始腐败，因此要通过加强教育，推动党员干部在思想层面不被腐蚀，在思想层面建立起预防腐败的堤坝，实现"不想腐"。需要强化思想政治教育，来提高乡村基层党员干部的防腐意识，强化思想上对各种诱惑的抵制力，避免思想防线崩塌和价值观扭曲；需要强化党纪法规教育，来提升乡村基层党员干部的法纪意识，从思想层面了解到作为共产党人应该做什么和不该做什么；需要强化政德教育，来提升其在党风廉政建设过程中的教化作用，引导基层党员干部明大德（理想信念坚定、党性修养坚强，识大体，无畏考验）、守公德（恪守为公、执政为民，践行党的承诺）、严私德（严格要求自身，约束操守和行为）。通过各种教育的综合作用来实现乡村基层党员干部在思想层面"不想腐"。

2. 筑牢制度，落实行为层面"不能腐"

反腐败斗争除了需要在思想层面推动乡村基层党员干部树立"不想腐"的观念，还需要从行为层面落实各种制度予以监督。筑牢制度的方式主要有两个层面，一个是落实监督，另一个则是落实巡察。

落实监督首先需要建立健全乡村基层党组织的党内监督制度，切实加强党内监督，其关键在于党政一把手。因此要形成和完善对党政一把手的监督机制，同时建立领导班子内部权力制衡机制，通过合理分权来实现以权力监督权力、以权力约束权力的态势。其次需要抓住根本，切实落实各项党内制度，尤其是规范行为制度、信访举报制度、案件检查制度、违纪行为惩处制度、民主监督制度等。在此过程中，要充分发挥民主监督制度，发扬乡村人民群众的民主权益，使群众监督和党内监督共同奏效。最后需要提升监督成效，最主要的就是要做到信息公开，对各种党内腐败案例和腐败事实，要及时进行处置并进行信息公开，一方面对群众进行交代，另一方面也能够起到警戒效果。

落实巡察制度需要从四个角度着手，首先要设立巡察机构，创新巡察方式。比如，可以采用交叉巡察的方式来破除基层的人情干扰，可以打破以县域为单位的巡察结构，将巡察组人员打散重组，运用回避式交叉巡察来实现效果。其次要突出巡察的重点，提高巡察的针对性。比如，要将巡察目光置于土地、资金、资源等与群众利益息息相关的配置领域，要提高巡察监督力度，确保党中央的惠民务实政策能够切实落实到群众身上，避免中间环节的纰漏。再次要充分发挥出巡察的威力，采用多渠道多方位收集信息来精准发现问题，并协调资源快查快办以便及时惩治腐败行为。在惩治过程中要明确整改时限，确保问题解决到位且高效，尽快还党组织以朗朗乾坤。最后要及时对巡察成效进行巩固，最佳的方式是采用回访式巡察，做到整改工作履行到位，事件有着落有回音，避免整改不力。此过程中要及时通报巡察整改的情况，对整改进度进行对应的表彰或通报，对推动整改不力的问题要上报调研组，要对整改单位进行约谈促改。

3. 实行严惩，强化威慑实现"不敢腐"

在整个反腐败斗争中，要始终坚持严厉惩治腐败的高压态势，以零容忍的态度彻底进行反腐败，发现腐败案件要依纪依法进行严肃处理。可以从四个层面实行腐败严惩，从而强化威慑力。

首先，要针对腐败现象的主体进行高压督促。乡村基层腐败现象中，县和乡是主要层级，也是反腐的主体，所以要层层传导压力，督促县和乡党委能够扛起反腐倡廉的政治责任，并督促纪委能扛起反腐倡廉的监督责任。要通过督查问责等方式狠抓以上两个责任的落实，对落实不力者进行严肃问责。

其次，要架设挺纪在前的高压线，即坚决将党的纪律挺在前面，即使针对小问题、小错误，也绝不姑息。通过抓早抓小，严肃执纪来加强党的作风建设；通过开展专项排忧工作，针对人民群众反应的各种问题进行全面甄别分析，甚至可以实行挂牌管理，一事一果，给予人民群众结果，强化反腐工作的力度；还需要运用好党的政策，通过反腐高压态势来引导问题暴露，形成党内自觉正风的态势。

再次，运用好严查重处的"撒手锏"，通过严惩极少数重大恶劣问题，打造党组织不敢腐的整体氛围；同时要注重信息收集平台的搭建，保持信息渠道畅通，发挥出群众共同监督的积极性，令党内不正之风无所遁形。在此基础上，要加大通报曝光的力度，通过舆论声势起到更强悍的震慑作用，再次强化"不敢腐"的氛围。

　　最后，创新监督执纪手段，拓宽覆盖面，要清楚地认识到不正之风和腐败现象绝不仅仅发生在乡村基层，对应的职能部门也是反腐倡廉重点区域。因此要创新监督执纪手段，拓展监督对象，从和人民群众根本利益相关的重点部门、重点岗位、重点人员着手，加强监督力度，并追究连带责任，以便从下而上巩固反腐倡廉工作的成果和效果。

第四章　支撑·乡村法治体系建设与管理

乡村现代治理体系的建设，需要以乡村法治体系建设和管理为支撑，这是全面推进依法治国的根基所在，更是推进乡村振兴战略实施和改变乡村治理格局的支撑。

第一节　乡村治理法治化建设的背景

党的十八大提出，法治是治国理政的基本方式，要加快建设社会主义法治国家，全面推进依法治国。2014 年，中国共产党第十八届中央委员会第四次会议召开，会上审议通过了《中共中央关于全面推进依法治国若干重大问题的决定》（简称《决定》）。《决定》提出："全面推进依法治国，基础在基层，工作重点在基层。发挥基层党组织在全面推进依法治国中的战斗堡垒作用，增强基层干部法治观念、法治为民的意识，提高依法办事能力。加强基层法治机构建设，强化基层法治队伍，建立重心下移、力量下沉的法治工作机制，改善基层基础设施和装备条件，推进法治干部下基层活动。"[1]

之所以实施乡村治理法治化建设，主要在于两个因素，一是乡村振兴战略的实施；二是乡村治理格局的发展和变革。这不仅是中国特色社会主义新时代的发展需求，也是中国经济和社会发展阶段的关键节点。

---

① 环境保护部核与辐射安全中心.核与辐射安全公众沟通相关法律法规汇编 [M].北京：中国原子能出版社，2016：245-248.

一、乡村振兴战略的实施

实行乡村振兴战略并实现乡村振兴，治理有效是核心基础；而治理有效的关键就在于乡村法治建设。乡村法治建设的本质则是在现代法治理念指导下，运用本土资源解决本土问题，最终实现乡村治理法治化。这是国家治理体系和治理能力现代化的深邃内核，也是全国推进依法治国建设的核心诉求。

（一）政策层面对乡村法治建设的要求

党的十九大报告中提出，要在全国范围内实施乡村振兴战略，要加强乡村基层基础工作，以健全乡村"三治合一"的乡村治理体系。2018 年，中共中央、国务院发布了《中共中央 国务院关于实施乡村振兴战略的意见》，其中首次明确提出要建设法治乡村，并对建设法治乡村提出了相关的要求。

（1）坚持法治为本，树立依法治理的理念，强化法律在维护农民权益、规范市场运行、农业支持保护、生态环境治理、化解农村社会矛盾等方面的权威地位。即在乡村振兴发展工作中，不断深化法律法规对乡村发展的规范和保障，使法律法规成为乡村的核心标准，从而推动乡村健康活力发展振兴。

（2）提高基层干部的法律思维，增强乡村干部法治为民的意识，将基层政府各项工作纳入法治化轨道。即要不断强化乡村基层带头人的法律意识和法律思维，带头人要善于运用法律管理乡村发展工作，通过法治为民的实施来提高群众的法律意识，从而有效运用法律法规来保障自身权益。

（3）深入推进乡村基层的综合行政执法改革，推动执法队伍的整合，有效下沉执法力量，并有针对性地提高基层的执法能力和水平，创新监管方式。法律法规对农民群众的保障作用不仅仅在于思维和意识层次，更体现在卓有成效的执法层面，因此需要强化和完善乡村基层组织中的执法体系，令法律法规成为维护农民群众权益的武器。

（4）建立健全基层矛盾纠纷协调和处理机制，尤其是针对乡村土地承包经营纠纷，要通过乡村调解、县市仲裁、司法保障多元结合形式来实现纠纷的调处，以推动构建和谐乡村的步伐。乡村基层矛盾冲突多数在于微小不公及不均衡，因此乡村基层法治建设要针对细节处理纠纷，通过多样化的处理手段来实现乡村法治。

（5）加强普法的力度和宣传力度，培养广大农民群众的法律意识，同时培养群众尊法、学法、守法、用法的意识，以期培养出群众的法治素养，使其可以运用法律法规来维护自身权益。乡村基层法律意识相对淡薄，这一方面是由城乡经济发展的差距造成的；另一方面则是由普法力度和宣传力度不足造成的。在普法和宣传过程中，需要结合乡村现实情况，采用农民易于接受的方式进行，令农民能够在日常之中学到法律、用到法律，使其潜移默化地建立起完善的法律意识。

（6）健全基层公共法律服务体系，做好法律援助和司法救助工作。基层农民法律意识的建立和法治素养的培养，离不开完善的公共法律服务体系，尤其是乡村经济发展尚不均衡，因此法律援助和司法救助服务对农民而言颇为重要。随着中央决策的发布，多地开始根据当地乡村发展情况，颁发关于乡村加强法治建设的指导意见，为乡村法治建设提供了明确的发展方向。

（二）乡村法治建设目标

乡村法治建设的本质是乡村能够在现代法治理念指导下，合理运用本土的资源来解决本土的问题，以宪法和相关法律法规为核心，以村规民约为基础，通过多元主体共同参与、平等协商、协同合作处理乡村公共事务的形式，来推动乡村治理逐步发展为规范化、制度化、程序化的完善过程。

综合而言，乡村法治建设无法一蹴而就，而是一个不断完善、不断调整的过程，甚至需要根据不同乡村特性进行细微调整，最终形成核心架构相同但法治治理形式和方式有所不同的局势。乡村法治建设的阶段性目标就是要乡村之中人人尊法守法，并能够事事找法用法，通过法律手段来维护好自身的权益，这要求基层领导干部带头依法办事，引导乡村上下全部依法办事；要建立安全感最高、违法犯罪率最低，村民之间的矛盾冲突小事不需出村、大事不需出乡、矛盾不需上交即可和谐解决的乡村；要建成乡风文明治理有效的乡村，做到法治可以信赖、权利可以保障、义务必须履行、道德能够遵守，为全国现代化治理打下坚实的基础。

二、乡村治理格局的发展和变革

乡村治理法治化建设，除了政策层面乡村振兴战略的实施和国家发展目标的推动外，还原乡村治理格局的发展和变革，尤其是随着乡村振兴战略的实施，乡村经济和社会发展已经出现了极大的变化。随着乡村城镇化、工业化、市场化和现代化建设的稳步推进，乡村的治理理念和治理模式均需要随着乡村的发展进行更新和完善，这种治理格局的发展和变革主要体现在三个层面。

（一）经济层面

自改革开放以来，中国经济已经出现了突飞猛进的发展；而随着农村城镇化建设、自动化建设、工业化建设的纵深推进发展，原本传统的耕种模式已经悄然发生了改变。农村耕种模式开始逐步迈向标准化、规模化发展方向，统一耕种、统一施肥、统一灌溉、统一药物处理、模块化管理等集约化发展已逐步取代了小块经营模式。集约化耕种经营模式造就了大量农村剩余劳动力，而劳动力的转移则很可能使农村出现土地闲置的问题。

在改革开放之初，中国农村实行的是家庭联产承包责任制，也可以称之为二权分置模式，即土地所有权和土地承包经营权进行分置，土地所有权归农民集体所有，承包经营权则归农民所有。这种土地改革措施极大地调动了农民的生产积极性，从而有效解决了全国民众的温饱问题。

进入 21 世纪后，城乡发展的不均衡使"三农"问题显现，我国开始出现大量农村劳动力从农村向城市转移的现象，从而使得作为重要生产力要素的土地出现了大量撂荒现象。为了盘活土地活力，2014 年 12 月，第十三届全国人大常委会第七次会议上表决通过了关于修改农村土地承包法的决定，自此实现了农村土地实行"三权分置"的制度法制化，从而有效保障了农村集体经济组织和承包农户的合法权益，有效推动了农业现代化发展。

三权分置是实行所有权、承包权和经营权分置并行，此举进一步明晰了土地产权关系，有利于促进土地资源的合理开发和利用，对构建新型农业经营体系和发展多样化规模经营，对提高土地产出率、资源利用率和劳动生产率均有很好的效果。三权分置使得全国各地乡村开始积极探索乡村治理模式，并探索和尝试了各种土地改革措施，如土地竞拍流转、土地租赁、土地集中经营开发、土地企业转包等，均推动了乡村经济的快速发展和转变。

在多次土地改革的推动下，中国农村工业化、商业化、产业化、市场化、信息化进程开始不断加速，有效改变了数千年来农村以农业为主的传统经济发展方式，为乡村治理适应现代化发展和要求提供了经济基础。而乡村土地实行三权分置的制度法治化，就是乡村治理法治化的核心体现，也是乡村法治体系建设最关键的一步。通过乡村土地产权法治化，可以有效推动农村一、二、三产业的融合发展，从而为乡村的经济发展提供新动能，加速推进乡村振兴的步伐和乡村法治体系建设的健全。

（二）文化层面

传统乡村社会受到了以农立国理念的影响，形成了以家本位小农经济和以地为生的地权结构乡村治理模式，长久以来便形成了乡村较为简单的人不离土的经济形态，以及与其相匹配形成的特定乡村文化和价值观念。传统乡村社会的文化观念甚至没有国家权力的影响，因此也更加纯粹。整个乡村社会很少产生迁移和流动，所形成的政治管理和治理模式，多数是以人伦次序为基础的差序格局、以家本位为核心的熟人社会格局、以礼制秩序为代表的文化价值规范格局，通常多年不会发生改变，属于价值极为单一的乡村社会。

改革开放之后，城镇的经济发展速度不断提升，市场化、工业化和信息化程度也不断提高；乡村社会同样受此影响，逐步从原本的封闭式单一价值观的乡村社会，转变为多元化、多样化的发展模式。乡村社会传统的文化秩序被打破，文化价值也开始在外来文化的冲击下走向多元。在乡村文化变革之下，乡村社会的秩序、行为和价值观念都开始发生翻天覆地的改变。在这样的背景之下，加强乡村法治文化的建设不仅能够加速实现乡村治理的法治化，还能够推动乡村社会秩序向现代化过渡，从而为法治中国的实现打下基础。

（三）政治层面

乡村政治和国家政治截然不同，从狭义视角来看，乡村政治是一种维持乡村社会秩序的组织结构、制度安排和权力结构。在很长一段时期中，中国乡村社会秩序的维系更多的是依靠礼俗，所提到的组织结构、制度安排和权力结构，均是乡村长期发展逐步形成的一种约定俗成的礼仪和风俗，根本不属于真正意义上的制度建构。

从广义视角来看，乡村政治则是国家社会层面所建立的制度安排、组织结构和权力结构的基层延伸，之后附着在乡村公共事务中人与人之间形成的社会关系上，由关系网所产生的影响力和支配力维系乡村的秩序。其中不仅涉及国家层面的政治权力和正式组织机构、正式体制建构在乡村社会的反映，还涉及传统乡村社会中通过道德规范、乡村社会的文化权力、乡村风俗习惯等形成的一种极为宽泛的社会权力。

随着乡村城镇化和市场化的推进，乡村社会秩序中更是糅杂了经济因素，整个乡村社会的利益分化模式开始出现变化，农民和乡村居民之间开始形成更加多元化的利益诉求，从而导致中国乡村传统的秩序格局逐步无法满足诉求。组织、机制对乡村多样化需求的回应使乡村政治结构产生了巨大变革。在这样的背景下，乡村自治逐渐成为乡村社会最基本的治理方式，国家对农民权利的承认和保护逐步形成了制度性承诺，也推动了乡村组织的政治化进行得到快速发展。乡村政治结构的变革对组织基本治理模式提出了新要求，也对乡村法治体系的建设提出了更高的要求。因此从政治层面来看，乡村治理法治化建设同样刻不容缓。

第二节　乡村法治文化的建设路径

乡村法治体系的建设是法治中国建设的基础，乡村法治体系的建构基础则是法治建设的观念，也就是乡村法治文化的建设。党的十九大报告指出，要通过全民普法，加大普法力度来建设社会主义法治文化，在人民群众心中树立宪法法律至上且法律面前人人平等的法治意识和法治理念。

一、乡村法治文化建设的意义

乡村法治文化建设是乡村法治体系建设的根基和开端，也是在乡村法治化建设过程中遭遇对传统乡村礼法治理的超越和观念的颠覆时，充分发挥法治文化的作用来缓解传统与法治建设的矛盾，逐步改变农民群众的理念，令农民群众更易接受法治建设，从而令法治乡村的建设更加顺畅。

通过乡村法治文化的建立健全，推动乡村逐步健全各种支撑治理体系的法治要素，减少乡村中与法治要求不相符的内容和元素，为建立乡村现代化治理体系铺平道路。法治文化指的是在特定历史条件和时代特性基础上，产生的各种与文化相关的法治要素，主要包括在法律制度以及法治现象影响下人民群众所产生的心理、情感、态度、习惯、信念、精神、价值等。法治文化属于一种文化资源，其诞生和形成于人类长久的法律实践活动中，并最终得到广大人民群众的普遍认同，具有很强的教育功能和引导功能。^①虽然法治文化属于一种文化层面的软实力，但其能够为乡村法治体系的建设提供源源不断的动力，并能够在一定程度上协调法治建设过程中产生的观念矛盾和冲突。综合而言，乡村法治文化的建设具有极为深远的意义，主要体现在以下三个方面。

（一）有助于维护乡村社会的稳定秩序

有些错误意识认为农民得到法律知识的武装，就容易成为不稳定因素，因为法律知识会加强农民的权利意识。其实从马克思主义哲学观点来分析，不论是事物发展，还是社会发展，均是由矛盾斗争所生发的动力，这种矛盾的斗争性在事物内部属于既对立又统一的关系。对于人类社会而言，之所以会产生矛盾纠纷是因为社会资源和社会供给相对于人的物质和精神需求而言具有较强的稀缺性。在人类的理性和德行均有限的背景下，为了争夺资源和供给，就容易产生纠纷，从而产生矛盾。

乡村属于社会发展的基层，也是人民群众相互交往互动、生产生活的重要场域，因此也就成了社会矛盾最易产生演化的场所。而且随着乡村社会和经济的发展，乡村市场化、工业化、城镇化、现代化的转型和体制机制的变革都对乡村原有的产业结构、所有制结构、经济结构等造成了极大影响，社

---

① 刘永红，颜杨. 乡村法治文化建设的困境与路径探究——以法治乡村建设为视角 [J]. 西华师范大学学报（哲学社会科学版），2018（6）：94-99.

会结构也相应出现了变化。乡村利益格局多元化、人民群众利益诉求多样化、公共服务供给不均衡所产生的变革都因为人民群众的文化心理差异、信仰差异等产生了群体行为差异，从而加剧了乡村人民群众之间的各种矛盾冲突。解决和舒缓这些矛盾，最主要的手段就是疏导和转化。通过乡村法治文化的建设能够加强乡村基层干部和农民群众的规则意识和社会程序意识，不仅有利于农民通过合法的渠道来表达自身的利益诉求，还有利于通过基层干部的依法协调和处理，减少农民之间不必要的摩擦，从而大规模减少摩擦升级为矛盾冲突的概率。从此角度而言，乡村法治文化的建设有助于乡村社会秩序的稳定。

（二）有助于治理有效目标的实现

乡村振兴战略中乡村治理有效目标的实现，表现在乡村调解组织，如公证组织、仲裁组织、律师组织等组织的自治化和秩序化，即通过乡村调解组织的建立和健全，以及乡村农民群众法治意识的形成来实现调解组织的社会化运作，构建出能够自我管理、竞争有序、诚信自律的社会协调、解决纠纷的组织体系，从而推动这些组织能够在社会化运作过程中不断提升发展能力。乡村农民群众法治意识的形成、各种调解组织的构建和体系的搭建，乃至调解组织的社会化运作，都离不开法治规则和程序意识的培养，都需要以乡村法治文化的建设为开端。只有从人民群众到基层领导干部都通过乡村法治文化的建设培养出法治意识，才能够推动法治资源、法治力量、矛盾调处、纠纷排查、法治机构、法治网络、制度规范的不断完善，最终建立完善的乡村法治体系，从而实现乡村治理有效目标。

（三）有助于乡村公权力的行使

在传统乡村文化和社会秩序下，乡村社会民主、法治发展相对滞后，同时乡村基层干部和农民群众的法治意识淡薄，很容易造成乡村的公权力运作领域无法建立健全法律程序机制。比如，有些领域的法律程序缺位，就容易造成乡村治理体系中出现明显漏洞，从而为腐败的滋生和蔓延提供便利条件。乡村法治文化的建设则能够推动乡村基层干部和农民群众受到法律熏陶，增强法治观念和程序意识，从而推动乡村基层干部能够正确行使公权力。其正确行使并不能仅仅依靠权力制约，更主要的是需要靠正当法律程序来制约，令公权力的行使有法可依、有法可据，这样才能够在基础层面保障公权力的行使正确且运作流畅。

二、乡村法治文化的建设手段

乡村法治文化的建设需要依托于较为成熟和健全的乡村法治氛围，这需要做到以下四点：一是健全乡村的法治机构体系，尤其是乡村律师事务所和乡村法律援助机构等法治服务资源需要进行完善，以满足乡村农民群众的法律诉求；二是需要补充和培养对应的乡村法治人才，尤其是乡村公检法部门和行政执法部门的专门人才，人才的健全是乡村社会法治文化建设的基础要求；三是优化乡村的文化环境，包括文化活动设施的建设、文化品位的提升等，只有拥有较为完善的文化环境，乡村法治文化的建设才能更加顺畅；四是提高乡村普法宣传教育，这是乡村法治文化的具体建设手段，需要通过契合乡村农民诉求和接受度的方式，以及更易被农民接受的宣传内容，才能逐步提高农民学习法律知识的热情度。根据上述乡村法治文化建设的要求，可以从以下几个角度着手来完善乡村法治文化的建设。

（一）明确乡村法治文化建设的组织机构

乡村法治文化的建设，首先需要依靠地方和乡村党委、政府的引领和指导，因此需要将乡村法治文化建设的组织机构进行明确，以解决各部门管理过于分散的现象。乡村的各级党委和政府部门需要全面落实《中国共产党农村工作条例》，各级党政负责人需要履行推进法治文化建设的第一责任人职责，通过统一部署、加强领导、统筹协调的方式来明确乡村法治文化建设的方向和目标；各级党政负责人需要发挥出上级主管部门的资源优势，兼顾具体法治文化建设的具体工作的可操作性，将所有专职人员的作用发挥出来，共同建设乡村的法治文化。

可以推行乡村法治文化建设的责任机制，即谁主管谁普法、谁执法谁普法，以推动乡镇各部门能够自觉承担普法工作的责任，推动普法工作的贯彻和落实。比如，可以将领导法治建设的部门设在乡镇一级人民政府，并由对应人员担任乡村法治文化建设领导组的组长，将工作网络下沉到农村的司法所和法律服务站，以推动各级工作联动，由专人负责乡村法治文化的建设，为该工作提供方向的指引和保障。

（二）完善乡村法治文化基础建设

乡村法治文化的建设离不开乡村法律服务体系和失信惩戒、守信公示机制的完善，乡村法律服务体系的完善需要加强对农民群众的法律援助和司法救助，可以借助互联网时代优势，为农民群众搭建法治服务网络平台。

可以整合涉农部门和司法部门、社会公益组织的相关力量，建立多方一体化的法治资源共享平台，在此基础上构建覆盖所有村庄的法治服务子平台，引导农民群众参与到法治服务平台的建设中，通过互动来加强法治服务平台的完善和健全。乡村失信惩戒机制的完善是为了将法律法规和农民群众的日常行为密切联系，通过将不守法不遵法的个体和乡村组织纳入严重失信"黑名单"，使乡村中各种违法违规乃至犯罪行为受到应有的惩处，从而提高农民群众对法律法规的重视，自觉加强法治文化的提升。守信公示机制的完善则和失信惩戒机制相对应，通过健全乡村个人和社会组织守法信用体系，让遵纪守法且信用度极高的个体和组织的信用状况处于公开、透明、可查的状态下，从而提高对应个体和组织的荣誉感，甚至可以通过法治资源平台来加强外部企业或部门和守信公示组织的合作共赢，形成良好的乡村法治文化氛围。

（三）完善乡村普法体系

针对乡村法治文化建设工作中普法宣传效果不佳的现状，需要完善对应的乡村普法体系。可以从三个方面入手：一是健全乡村法治宣传教育机制，以打造由上至下的综合性法治宣传教育体系；二是通过多方渠道解决乡村基层普法人才短缺的情况，完善普法人才队伍建设途径；三是采用多样化形式来加强乡村普法宣传，通过高效高质解决农民群众的纠纷和矛盾，来提高农民群众对普法宣传的接纳程度，有效提高乡村法治文化的氛围。

1. 健全乡村法治宣传教育机制

乡村法治宣传教育机制的完善需要从两个角度着手，首先是针对各基层组织，要建立健全乡村领导干部学法制度，通过领导干部带头学法、模范守法、科学普法，来为乡村的法治文化建设起到带动作用，以提升乡村基层组织学法、守法、普法的意识。可以将法律法规的学习培训纳入乡村领导干部的学习体系中，并完善干部学法用法的考试制度，推进乡村领导干部能够依托于互联网的优势提高学习效果。其次是针对学习能力极强的青少年，要建立和完善青少年法治教育工作机制，可以将法治教育纳入乡村的教育体系中，妥善安排不同阶段法治教育的内容，从基层教育角度提升乡村的法治文化建设，帮助乡村广大青少年树立法治观念，提升法治素养，最终潜移默化地达到乡村法治文化的建设。

2. 多渠道解决乡村基层普法人才短缺

乡村基层普法人才的短缺问题不能仅仅靠乡村各组织领导干部的带头作用，还需要有意识地加强各方面普法人才的培养，以打造专兼结合的农村普法队伍。可以从以下渠道来完善乡村基层普法人才的数量和质量。

首先，对乡村现有机构人员的数量和法治素养进行加强，比如，可以扩充乡村司法所的人员编制，通过重点吸收和引进具备法律专业背景的专业人才，来提升乡村司法所工作人员的数量，从而扩大专业人员队伍；还可以加强法律人才培养工程，如"法律明白人"培养工程，有效提升乡村自有法律人才的培养、选拔和任用，以有效扩大专业人员队伍。其次，通过社会化人才吸纳途径来增加兼职法律人才数量，比如，通过聘请律师顾问、法律援助平台等，将外界优质公共法律服务人员吸引到乡村，以满足乡村发展过程中农民群众的多样化法律诉求。这样一方面能够提高普法人员的专业水平；另一方面能够令乡村农民群众在乡村就可以享受到高效便捷的公共法律服务。

3. 采用多样化形式加强乡村普法宣传

加强乡村普法宣传，能够有效加强乡村法治文化的建设。不同乡村可以针对本地不同特性，采用灵活多变的形式来加强乡村的普法宣传体系的完善和搭建。

首先，可以通过拓展法治文化实体阵地来加强乡村普法宣传，建构完善的法治文化体系。有条件的乡村可以建设各种法治文化广场、文化墙、文化长廊等，通过信息化文化的传播特性，运用微博、微信、普法网站、短视频平台等，开展网上法治宣传活动；也可以通过创作对应的乡村法治文化主题的文学作品、影视作品、戏剧作品、短视频作品等，来提高法治宣传教育的感染力和影响力，用农民群众善于接受的形式拓展法治文化建设；还可以灵活运用乡村本土的各种风俗习惯、传统节日、重大纪念日等，开展相关的法治文化活动，推动农民群众能够在娱乐休闲过程中感受到法治的力量和法治的氛围，从而逐步受到法治文化的熏陶，建构起对应的法治文化体系。

其次，可以通过拓展公共法律服务体系，建立有效的公共法律服务机制，以推动公共法律服务常态化、持续化发展，最终形成具有乡村特点的法治文化氛围。比如，可以将乡村普法教育和农民群众最关心的难点、现实问题结合，围绕土地流转、征地拆迁、农民工维权等，进行对应的公示性问题解决，并以培养一户一个法律明白人为目标，完善乡村公共法律服务体系，推动乡村法治文化的建设。不同乡村还可以针对农民群众的务工特性，采取有针对性的公共法律服务，如乡村农民群众向城市迁移量大，进城务工居多，就可以针对这些务工群众来开展各种法律进工厂、法律进工地等活动，从而在有效保障农民工法律权益的同时，提高普法宣传效果，有效培养乡村的法治文化。

第三节　乡村立法建设多维分析

乡村法治体系的建设和管理，需要在乡村法治文化建设的基础之上，加强立法建设，从而达到乡村农民群众有法可依、有法可据，最终形成用法律武器来保障农民群众权益的习惯和体系，最终实现乡村治理法治化。具体可以从综合性立法建设和村规民约体系建设两个角度入手。

一、乡村综合立法建设

自 2017 年中共中央明确实施乡村振兴战略目标任务后，与乡村振兴相关的立法工作就已经被提上议程。乡村立法的主要目的是解决乡村较为突出的各种问题，包括乡村振兴的群众参与问题、乡村农民土地权益保障问题、乡村农业食品安全问题、乡村生态环境保护和污染治理问题等。

（一）乡村自治领域的立法建设

2018 年中央一号文件《中共中央 国务院关于实施乡村振兴战略的意见》中提出，要坚持农民主体地位，即在乡村振兴战略实施过程中要切实发挥农民的主体作用，充分尊重农民的意愿，通过调动农民的主动性、创造性和积极性切实做好农民群众根本利益的维护。

实施乡村振兴战略需要坚持"三治合一"的融合治理体系，其中的关键就是乡村自治。为了推动乡村农民群众的切实参与，乡村自治领域的立法建设已经在逐步推进。

中共中央、国务院在《中华人民共和国村民委员会组织法》（1998 年颁布，2018 年最新修订）的基础上，陆续发布了《中共中央办公厅 国务院办公厅关于进一步做好村民委员会换届选举工作的通知》（2002 年）、《中共中央办公厅 国务院办公厅关于健全和完善村务公开和民主管理制度的意见》（2004 年）、《关于加强和改进村民委员会选举工作的通知》（2009 年）等。[①] 在乡村委员会的组织管理角度完善了立法建设，为乡村自治领域指明了方向。

中华人民共和国民政部也陆续印发了《关于在全国农村开展村民自治示范活动的通知》（1990 年）、《全国农村村民自治示范活动指导纲要（试行）》（1994 年）、《关于进一步建立健全村务公开制度，深化农村村民自治工作的通知》（1997 年）、《关于切实加强村民委员会选举工作指导的意见》（2010 年）、《关于印发〈村民委员会选举规程〉的通知》（2013 年）等。[②] 在乡村委员会和自治管理具体工作角度方向，完善了部门规章制度，为乡村自制的切实推动和落实提供了标准。

（二）乡村农民土地权益保障立法建设

乡村振兴战略的实施需要保障好乡村农民的土地权益，不论是农民的土地承包权益、土地经营权、土地利用率等，还是保障乡村耕种土地面积、保障乡村农民住宅方面，都需要拥有恰当的法律法规予以支撑。

---

① 袁建伟，曾红，蔡彦，等 . 乡村振兴战略下的产业发展与机制创新研究 [M]. 杭州：浙江工商大学出版社，2020：14-15.

② 同上 .

针对保障农民土地承包权益，国家颁布了《中华人民共和国土地管理法》（1986 年颁布，2019 年最新修订），并根据其制定了《中华人民共和国土地管理法实施条例》（1998 年制定，2021 年最新修订）；还颁布了《中华人民共和国农村土地承包法》（2002 年颁布，2018 年最新修正）、《中华人民共和国农村土地承包经营纠纷调解仲裁法》（2009 年）。中华人民共和国最高人民法院发布了《最高人民法院关于审理涉及农村土地承包纠纷案件适用法律问题的解释》（2005 年）、《最高人民法院关于审理涉及农村土地承包经营纠纷调解仲裁案件适用法律若干问题的解释》（2014 年）等，中华人民共和国农业农村部发布了《农村土地承包经营权流转管理办法》（2005 年）等。

针对保障农民土地经营权益这一问题，中共中央、国务院办公厅印发了《关于完善农村土地所有权承包权经营权分置办法的意见》（2016 年），中华人民共和国农业农村部、财政部、中华人民共和国自然资源部、国家测绘地理信息局联合发布了《关于进一步做好农村土地承包经营权确权登记颁证有关工作的通知》（2016 年），中华人民共和国农业农村部发布了《关于做好农村土地承包经营权信息应用平台建设工作的通知》（2016 年）等。针对农村宅基地的对应权益，在十三届全国人大三次会议上通过并颁布的《中华人民共和国民法典》（2020 年）中作出了明确规定。

针对农村土地利用率方面，中华人民共和国自然资源部颁布了《土地利用总体规划编制审查办法》（2009 年）、国务院发布了《国务院关于促进节约集约用地的通知》（2008 年）等规章；针对农村土地保护、促进农业生产、弥补农民损失方面，国务院印发了《基本农田保护条例》（1998 年发布，2011 年最新修订），中共中央、国务院印发了《关于农村土地征收、集体经营性建设用地入市、宅基地制度改革试点工作的意见》（2014 年），中华人民共和国自然资源部发布了《国土资源行政处罚办法》（2014 年）等。

以上这些法律法规，均在一定程度上为乡村农民的土地权益提供了保障和保护，同时对对应的权益进行了更加细致和明确的划分，在立法建设方面为乡村振兴战略的实施和乡村治理法治化发展奠定了扎实基础。

（三）乡村生态环境保护立法建设

有关保护乡村生态环境的政策其实很早就已经发布，比如，2007 年中华人民共和国生态环境部就发布了《关于加强农村环境保护工作的意见》，2009 年国务院发布了《关于实行"以奖促治"加快解决突出的农村环境问题的实施方案》，2013 年中华人民共和国生态环境部发布了《农村环境连片整治技术指南》等，针对乡村生态环境的保护进行了政策性引导和推动。

2014 年由中华人民共和国第十二届全国人民代表大会常务委员会第八次会议通过修订并颁布的《中华人民共和国环境保护法》中，明确提出了各级人民政府要加强对农业环境的保护，通过促进农业环境保护新技术的使用来加强对农业污染的监测预警，以便防治乡村生态环境持续恶化。

在全球生态环境情况日益严峻的大背景之下，2015 年，中央一号文件首次提出了通过推进乡村法治建设来加强乡村生态环境保护的意见。随着全球生态环境被破坏的情况愈发严峻，中国乡村生态环境情况也面临着多重问题，主要体现在多数乡村生态环境质量整体偏低，包括耕地退化问题、耕地质量问题；过度使用化肥和农药导致的农业污染问题、水体污染问题、土壤污染问题；乡村农业生产生活垃圾随意堆放和焚烧对大气的污染问题；乡村环境保护设施落后且环保投入不足问题等。

2020 年由中华人民共和国第十三届全国人民代表大会常务委员会第十七次会议通过修订并颁布的《中华人民共和国固体废物污染环境防治法》中，明确提出各级人民政府要加强农村生活垃圾污染环境的防治，以保护和改善农村人居环境；县级以上人民政府农业农村主管部门要负责指导对应地区农业固体废物回收利用体系建设，以便引导农业固体废物的处理和利用等，防止污染环境。

二、村规民约体系建设

乡村综合立法建设针对的是所有乡村，因此法律法规绝大多数是从促进和保障未来发展的层面制定的，对乡村的发展和治理体系的建设起到的是方向引导和体系建构支撑。在此基础上，完善乡村的立法建设还需要从不同乡村的特征着手，根据乡村本地情况来进行丰富，以建构出最适合乡村发展的法治体系，这就是村规民约体系的建设，需要从政策规范和行为管理机制两个层面进行完善。

（一）政策规范以提振村规民约

村规民约是在乡村自治的起始阶段，乡村农民群众根据党的方针政策以及国家的法律法规，通过结合乡村自身的实际情况，针对乡村社会公德、乡村社会秩序、乡村精神文明建设、乡村民俗风气、维护村民权益等，最终形成的一种制约和规范村民行为的偏向约定俗成方向的公约。村规民约因为乡村特征的不同而有很大的不同，其类似于乡村自治的法律依据，其制定是依托于国家的宪法、法律和法规，但充分结合了乡村自身的特点，并依照乡村群众的多数意愿，以民主程序所制定的自治章程。通常村规民约主要为两方面内容：一方面是村民的义务，规定了村民需要遵循的行为准则和规范；另一方面则是对应的责任条款，规定了村民若违反和破坏义务条例，需要承担何种责任。

村规民约在乡村社会治理体系的发展过程中起到了极为关键的作用，而且经过多年的实践沉淀，已经形成了一套比较完善的规章制度。但随着乡村经济的快速发展，以及乡村振兴战略的实施和推进，传统的村规民约已经无法再满足快速发展的乡村需求，因此必须要依托于政策的规范来提振村规民约，从而推动乡村自治与法治、德治相融合，建立以自治为核心基础、以德治为实现路径、以法治为约束和保障的村规民约制度。

首先，需要以乡村自治为基础，即充分发挥出乡村自治体系中村规民约的核心作用和世代承袭的本土优势，从乡村基层组织层面强化党的路线方针政策与村规民约相融合，贯彻以民为本的核心理念，通过具有科学发展力的党的路线方针政策，引导村规民约向国家发展思路靠拢和契合。村规民约是乡村全民共同参与、共同制定并共同遵守的自治性行为规范，属于乡村全民的集体意志的体现，更是村民价值观、村风民俗的融合性体现，融合党的路线方针政策，能够将社会主义核心价值观和中国特色社会主义新时代发展定位融入，从而形成能够引导乡村现代化发展的新村规民约。

其次，需要明确村规民约的实现路径，即将德治与路径相结合，通过乡村基层组织带头人的以身作则和勤政共勉，发挥道德感化和引导示范作用；同时还要重视对村民的道德教化。村规民约作为乡村传统道德伦理的载体，本身就具备很强的教化作用，因此要充分发挥出村规民约对村民道德情感和道德信念的教育力量，充分发挥出其维护秩序的能力。

最后，需要结合法治来为村规民约提供约束作用和保障作用。村规民约的制定需遵循以下三个步骤：第一步需要内容合法合规，即遵守宪法和相关法律的规定，且不得与宪法和相关法律法规相抵触相违背，不得危害国家利益、集体利益、公共利益等。第二步需要注意村规民约的执行不得和法律规定相冲突，必须要符合正当的程序原则，要在不违背法律法规的基础上征得全民意见，通过村民的参与、协商、讨论、表决，以实现对被处罚者的惩戒。但在此过程中，村民不得任意侵犯被处罚者的个人权利，并保障其知情权、陈述权和辩护权等应有权利。第三步需要根据党的路线方针政策，即时调整村规民约中存在的违法违规问题，保证村规民约实时更新，以便保障乡村民众的应有权益。

（二）乡村行为管理机制完善

从乡村法治管理层面来看，完善乡村行为管理机制需要从创新乡村纠纷矛盾解决机制入手。随着乡村经济和社会发展的推进，乡村的矛盾纠纷所涉及的内容越来越多样，比如，从以前的涉及土地权属纠纷、婚姻家庭纠纷、合同纠纷、邻里纠纷等，逐步拓宽到了涉及乡村生活和生产的各个层面，包括随着乡村工业化、城镇化、现代化建设的不断推进产生的新型纠纷——劳动争议，以及因为土地调整、拆迁补偿、修建公共设施（如公路等）等产生的集体经济利益再分配纠纷、土地流转纠纷、土地征用补偿纠纷等；还有因为保险业的推进产生的医疗纠纷、交通事故赔偿纠纷等。

乡村基层矛盾和纠纷的多样化发展，乡村经济和社会快速发展过程中出现的基层账目不清、基层领导干部工作不力、办事不够公平公正等引发的干群矛盾，致使乡村基层的纠纷更加复杂多样。而且，不同的乡村因为自身发展情况、地方政策推进情况等均有所不同，也都有其各自的特点，所以针对乡村的矛盾纠纷，需要地方有针对性地去探索新型有效的多元化纠纷解决机制。

具体的措施是，可以打造为乡村百姓解决热点问题的平台，以满足各自不同特点的乡村需求。比如，打造覆盖面极广的"乡民说事点"，搭建线上线下融合的纠纷反映和解决的便捷平台，畅通农民群众表达法律诉求的渠道，重点发挥民意收集、矛盾纠纷化解、公共法律服务、普法信息宣传、干群关系联系等职能，切实化解农民群众的纠纷矛盾。在此基础上，要将"乡民说事点"与个人调解室进行融合，可以聘请乡贤社贤等，充分发挥人才的懂法优势，推动个体人才从法律层面帮助农民群众调解矛盾纠纷。通过彻底帮农民群众解决问题，来推动乡村法治文化的建设，打造乡村法治体系的牢固根基，为完善乡村的法治体系建设提供支撑。

可以整合乡村司法部门、公安部门、保险等部门和社会资源，根据乡村综合治理需求，建立以调解为基础、多部门协作、多机制衔接的道路交通事故联合调查处理模式。随着乡村经济和社会生活的发展，乡村工业化、信息化、城镇化进程的加快，跨界联动和融合互通的经济发展已经逐渐成为趋势。在这样的背景下，乡村矛盾纠纷治理也自然会越来越复杂和多变，很多原本并没有关联性的矛盾纠纷和社会风险，会在多种因素的催化之下，产生更加明显的关联性。如会出现一些线上和线下、传统安全和现代化安全、境内和境外等相互交叉的矛盾纠纷，甚至根本无法独立处理。这就需要通过乡村各个组织部门的通力配合、密切合作，做到统一协调、综合施策，形成跨乡镇区域、跨单独部门、跨独立平台的联合处理模式，最终建构起能够与乡村发展并行的乡村法治体系。

第五章　根基·乡村文化体系建设与管理

乡村振兴的现代治理体系建设，需要从人们的精神需求角度着手，进行乡村文化体系的建设与管理，以便夯实现代治理体系的根基，促使乡村现代治理体系能够依托深邃、悠久、优秀的乡村文化体系健康快速发展。

第一节　优秀传统文化对乡村文化体系建设的意义

乡村是中国优秀传统文化的发源地及主要传承地，建设乡村文化体系必须围绕乡村代代传承而来的优秀传统文化，通过对优秀传统文化的拓展、延伸和提炼，凝结为乡村文化体系的坚实内核。传承优秀传统文化对乡村文化体系的建设意义重大，主要体现在以下两个方面。

一、实现乡村振兴的必然要求

实施乡村振兴战略的总要求为乡村的发展提供了总体思路和方向，也为乡村的思想道德建设和文化体系建设提供了清晰的目标，其中优秀传统文化的传承和发展是实现乡村振兴的必然要求和文化根基。

（一）乡村振兴战略的实施基础

乡村文化振兴是乡村振兴的实施基础，乡村文化的振兴是破解民众日益增长的经济物质生活需求和城乡发展不均衡不充分矛盾的着力点，需要在满足乡村民众更高生活品质、更丰富物质需求的基础上，满足乡村民众的精神文化需求。只有延续千年乡村的文化血脉，在传承优秀传统文化的基础上，结合乡村发展现状进行拓展和提升，创造出符合新农村发展和新农民特点的乡村文化，才能够加快缩小城乡的文化共享方式、文化内容和参与途径等差距，最终实现城乡公共文化服务平衡化和一体化，从而实现乡村文化振兴，并为乡村振兴战略铸实文化根基。

（二）实现乡村文化振兴的路径

乡村文化振兴的实现依托优秀传统文化的传承和发扬。优秀传统文化不仅是乡村文化振兴中思想文化的建构基础，更是引导乡村文化振兴实现的重要路径。

在乡村振兴战略中，乡村思想文化工作主要包括四项具体的任务：一是要以社会主义核心价值观为引领，运用符合乡村特性的有效方式，弘扬优秀的民族精神和时代精神，而优秀传统文化正是优秀民族精神的凝聚；二是要立足于乡村文明建设特点，在保护传承的基础上推动优秀传统文化的创新性发展和创造性转化；三是重视公共文化资源向乡村进行倾斜，为乡村提供更多更好的公共文化产品和服务，以此健全乡村公共文化服务体系，这些都是优秀传统文化得以传承和弘扬的承载基础；四是要广泛开展群众性精神文明创建活动，通过丰富乡村民众的精神文化生活来提高民众的科学文化素养，这些活动均需要以优秀传统文化为内核。[①] 乡村思想文化工作和乡村文化振兴的实现是建立在优秀传统文化的基础之上的，只有保持内核不变，灵活挖掘宣传形式和传播途径，摸索出最适宜乡村本土文化建构和形成的路径，才能够完成乡村文化的振兴。

（三）固本开新的精神动力

乡村传统文化中非常重要的一项活动就是传统民俗和传统节日，这是中华民族历久弥新文化底蕴的见证和表现，更是乡村进行精神文化建设固本开新的精神动力。要立足于乡村文化振兴和乡村文明建设，通过对传统民俗和传统节日文化的丰富和弘扬逐步树立起扎根内心的文化自信。传承乡村优秀传统文化的过程中，要坚持以中国特色社会主义新时代的历史定位为出发点，将现代文化与优秀的传统文化进行有机结合，大力弘扬传统民俗之中的伟大民族精神、爱国主义精神、积极进取精神、团结一致精神、励精图治精

---

① 孔祥智. 乡村振兴的九个维度 [M]. 广州：广东人民出版社，2018：117.

神等，积极倡导社会和谐、行为文明、行事节俭的节日理念和观念，形成具有现代化特性和适应社会发展要求的健康向上的节日文化。要积极吸收传统民俗和传统节日文化中的精华，并勇敢剔除其中不适宜乡村发展的糟粕，在满足乡村民众精神文化生活的同时，丰富乡村文化体系。

（四）乡村经济发展的创新渠道

乡村传统工艺具有极为悠久的历史传承和民族地域特色，同时传统工艺通常都和民众的日常生活息息相关。虽然乡村社会的发展已经逐步趋向于城镇化、工业化、信息化、规模化，但创造性的手工劳动和因材施艺的个性化制作形成的传统工艺手段，依旧能够成为乡村经济发展中的创新渠道。可以立足于传统工艺的振兴，通过创造性转化、创新性发展，保持传统工艺的不断更新，在传承传统文化和工艺手段的基础上，进行现代化发展和转化，就能够更好地发挥出乡村民众手工劳动的创造力，并挖掘出手工劳动的创造性价值。这样不仅能够涵养优秀的乡村传统文化生态，还能够促进民众就业并致富，更能够激活乡村的潜在生命力，推动乡村振兴的实现。

二、实现乡风文明的源头

乡风文明是乡村文化的一种外在表现状态，其有别于城市文化，具有极为鲜明的乡村地域特色和乡土特色，也有别于以往乡村传统文化，是一种新型的乡村文化。其具体表现为乡村民众在知识水平、道德规范、思想观念、素质修养、行为操守以及各种关系等方面发扬和继承民族文化的优良传统。契合乡村现代化发展的乡风文明，需要在继承和发扬优秀传统文化的基础上，摒弃其中的落后内容，并通过吸收城市文化和其他民族文化中的积极内容进行创造性融合，以便适应乡村经济社会的发展，最终打造出乡村积极向上、健康持久的社会风气和精神风貌。实现乡村振兴，乡风文明是保障，而实现乡风文明，乡村的思想道德建设是基础，优秀传统文化的传承和创新是源头和关键。

（一）基础：思想道德建设

《大学》有言："大学之道，在明明德，在亲民，在止于至善。"2014

年，习近平同志在北京大学师生座谈会上讲话时也讲道："核心价值观，其实就是一种德，既是个人的德，也是一种大德，就是国家的德、社会的德。国无德不兴，人无德不立。"

不论是乡村民众个体的成长还是乡村社会的发展，都需要以乡村整体思想道德水平的提升作为基础。只有以社会主义核心价值观武装乡村民众，并将其内化为民众的思想自觉和行为自觉，才能够最终实现乡村振兴的目标。

这就需要从乡村民众的日常生活中寻找到社会主义核心价值观与民众思想的共鸣点和情感交汇点，通过各种活动来逐步培养民众正确的道德判断和道德责任，培养和打造民众正确的道德体系，引导民众形成积极向上且健康乐观的道德意愿和道德情感。这样才能够夯实乡村民众的思想道德建设，为乡村振兴的实现奠定坚实的基础。

（二）源头和关键：优秀传统文化的传承

中华文明源远流长，至今已有数千年时间跨度。数千年的时间里，中华民族创造了极为丰富且宝贵的优秀传统文化，包括仁爱、礼和、谦恭、节俭、忠义、诚信、团结等，除了这些优秀传统文化精华之外，很多乡村还保留着许多历史风俗和文化传统，不仅充满了乡村地域特色和乡土特色，还形成了独属于乡村的文化品牌。

实现乡村文明的源头和关键，是传承以上这些优秀的传统文化，并通过恰当的阐释，赋予这些优秀的传统文化新的时代意义和时代价值，使之能够和乡村现代化进程相契合，从而形成优秀传统文化和现代乡村文化融合的乡风文明。这样既能提升优秀传统文化的传承底蕴，还能奠定实现乡村振兴的文化核心。

第二节　实现乡风文明的关键元素

在中共十九大报告所提出的实施乡村振兴战略重大决策部署中，乡风文明被纳入了乡村振兴的总要求之中，这是新时代新农村的崭新蓝图和发展趋向，乡风文明的实现也就成了实施乡村振兴战略的重要内容之一。实现乡风文明是建构完善乡村文化体系的核心基础，关键元素就在于通过好家风涵养好民风、以好民风促成好乡风，再辅以完善的公共文化和道德规范，最终形成健康积极的乡村社会风气和精神风貌。实现乡风文明的具体关键元素可参照下图（图 5-1）。

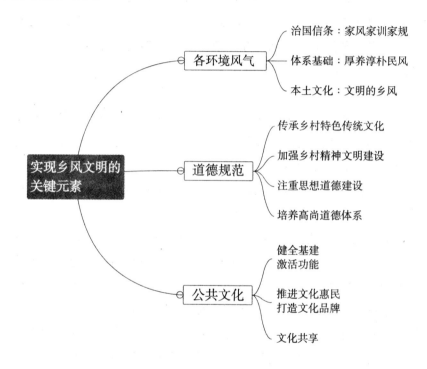

图 5-1 实现乡村文明的关键元素

一、以家风养民风，以民风促乡风

通俗来解释乡风，指的是乡村的民众所趋向的风气，以及民众约定俗成所形成的地方性风俗习惯。从乡风的形成和特征可以看出，乡风文明的养成取决于乡村民众个体的家风，以及乡村传承已久的文化活动所形成的民风，三者的关系息息相关，好的家风能够涵养好的民风；而好的民风建设则可以促成乡风文明的养成。

（一）传承好家风，健康新生活

家风就是一个家庭的风气和传统，也可以说是一个家庭的文化氛围，通常是一个家庭在传承、发展过程之中，不断吸纳优秀文化、遵循优良传统，并以家庭为单位指导各成员做人做事的价值观念和行为准则。家风虽然仅仅是一个家庭为人处世的价值标准和行为模式，但对家庭成员自身乃至周边人群的影响都极为深远。好的家风能够促进家道兴盛且和顺美满，通常情况下，乡村之中若多数家风传承良好，则整个乡村都会洋溢着一种邻里和谐、家业兴盛、子女孝顺、老人祥和的好氛围。

1. 传统的治国信条

良好的家风是乡风文明的核心根基，更是良好社会风气的核心根基。这一点数千年前的人们就已经发现并总结了传统的治国信条，即《礼记·大学》中所言："古之欲明明德于天下者，先治其国；欲治其国者，先齐其家；欲齐其家者，先修其身；欲修其身者，先正其心……心正而后身修，身修而后家齐，家齐而后国治，国治而后天下平。"

只有个体的思想端正、心念正直，才能够以此为基础不断完善自我修养；自我修养完善后才能有效整顿家庭，家庭整顿好国家才能安定繁荣，国家安定繁荣才能够天下太平。最终总结出了"正心、修身、齐家、治国、平天下"的信条，显然，"正心、修身、齐家"是之后"治国、平天下"的基础。从家风角度而言，若每个家庭的家风都很正，那么这些家庭中培养的后代也会很正，他们进入社会之后，良好正直的家风就会逐步凝合成风清气正的社会风气，从而达到国家安定繁荣、风气良正的效果。

2. 挖掘良好家风的源头——良好家训

良好家风文化的推广和优秀家庭的挖掘，是完善乡村治理和实现乡风文明建设的基础载体；传承良好家风，更是传承优秀传统文化的重要部分。良好的家风文化，通常会内化为一个家庭发展的潜在动力，可以推动家庭成员的人生道路越来越宽广；而良好的家风文化得以传承下去，最常见的就是良好家训的传承和延续。

中国古代家训史可谓包罗万象、源远流长，其中一些优秀的家训不仅涉及个体的正心、修身、齐家准则，还涉及治国、平天下的各个方面，这是中国优秀传统伦理文化的集大成表现。北宋文学家司马光生性淡泊且崇尚勤俭，在《训俭示康》中曾言，"众人皆以奢靡为荣，吾心独以俭素为美""有德者皆由俭来也""以俭立名，以侈自败者多矣"，可见其对节俭的重视。北宋名臣包拯以廉洁公正、不附权贵、铁面无私、英明决断著称，并传其留下的遗训："后世子孙仕宦，有犯赃滥者，不得放归本家；亡殁之后，不得葬于大茔之中。不从吾志，非吾子孙。"充满了对子孙后代廉洁清正的期望和对其不遵遗训绝不姑息的决绝。广为熟知的"夫君子之行，静以修身，俭以养德。非淡泊无以明志，非宁静无以致远"，就出自三国时期著名政治家诸葛亮临终时写给儿子的《诫子书》中。

晚清名臣曾国藩一生奉行为政以耐烦的要义，且主张凡事要勤俭廉劳，其在《家书》（也称曾国藩家书）中曾言，"余教儿女辈惟以勤俭谦三字为主""一曰慎独则心安，二曰主敬则身强，三曰求仁则人悦，四曰习劳则神钦"，从为人处世各个层面进行了家风的训诫。当代文学艺术翻译家傅雷和夫人写给孩子的家信中，充满了教子的深沉爱意。《傅雷家书》教育孩子要先做人、后成家并因材施教等，如"自己责备自己而没有行动表现，我是最不赞成的！……只有事实才能证明你的心意，只有行动才能表明你的心迹""得失成败尽量置之度外，只求竭尽所能，无愧于心""孩子，可怕的敌人不一定是面目狰狞的，和颜悦色、一腔热血的友情，有时也会耽误你许许多多宝贵的光阴"。

优良的家训和社会主义核心价值观的个人层面提到的爱国、敬业、诚信、友善等规范极为契合，要想恪守这些基本的道德准则，就需要传承优良的家训，打造良好的家风，通过对家风家规的遵从，来逐步培养优良的道德品德。

3. 乡村优秀家风的传承

优秀家风的传承，虽然起于家庭，但同样能够通过恰当的引导和宣传来完成传承和弘扬。比如，可以通过各种乡村文化活动，包括"传家风、立家规、树新风""讲文明、树家风、扬正气"等主题式活动，来弘扬社会的正能量，通过在乡村倡导健康的生活方式，来引导乡村群众能够塑造健康文明的乡村新家风，从而有效起到抵制消极文化现象的侵蚀和浸染。

另外，还可以通过各种公共文化惠民活动和工程，包括农家书屋、乡村电影播放、送戏入乡村等活动，来丰富乡村文化力量，通过文化传播来挖掘乡村之中潜藏的文化底蕴，尤其是通过家风普及，来推动乡村中家家户户认识优秀家风，并萌发对优秀家风文化的向往和期望，最终逐步形成契合千家万户的良好家风。

（二）摒弃陈规陋习，厚养淳朴民风

乡村民风的建设，一方面受家风影响，另一方面则受历史习俗影响。树立良好家风，能够推动优良民风的形成。在此过程中还需要注意通过有效手段摒弃乡村中的陈规陋习，以厚养乡村的淳朴民风，确保其成为促进乡风文明建设的基础。可以从以下几个角度入手。

1. 深化移风易俗行动

移风易俗是为了改变旧的风俗习惯，即将原本因循守旧、不利于发展的陈规和陋习摒弃，推陈出新运用更加契合社会发展和时代需求的风俗习惯将其替代。深化移风易俗行动不能过于激化，而是要通过乡村群众喜闻乐见的形式，逐渐将新文化、新内容、新事物融合在活动之中，激发群众的参与性和主动性，自发开展乡村的移风易俗推进，完善属于乡村自身的新民风新民俗和新村规民约。具体可以从两个层面着手。

首先，充分发挥出乡村优秀基层干部、文化人才、乡村优秀教师、新时代乡贤等人的带头示范作用，由基层干部带头开展道德评议、村民评议等活动。可以运用乡村的文化礼堂、道德讲堂等活动来开展思想政治教育和科学文化知识普及，以推动科学发展观的形成乃至养成习惯，有效对乡村群众的道德修养和科学文化素质进行提升。当乡村群众接受新知识新理念后，可以通过村民评议活动，推动全员参与，将原本存在的陈规陋习摒弃。在此过程中，可以对乡村之中优秀的老家规、老族规、老训诫等进行提炼、传承和挖掘，并融合新时代的特点和乡村本土的特性，最终形成全民认同且具有本土特色、符合村情民意的村规民约。这样一方面可以推动优秀家风的传承和普及；另一方面可以推动村规民约的更新迭代，以更适宜乡村的发展。

其次，在移风易俗的过程中，要秉承民主风格，发挥出全民参与的优势，集结众智来完成归纳；还需要注意采用多种方式和方法进行引导，最好能够结合乡村现状和特性，以民众更易接受和喜闻乐见的形式来推进移风易

俗行动。可以举办各种文艺表演、文化活动、播放乡风文明宣传片等，选择乡村民众身边的典型案例来宣传乡村优良的美德、文化、民风和习俗，方便民众能够在参与各种活动的过程中，潜移默化地受到感染，从而逐步形成良好的生活习惯和行为习惯，展现出蓬勃发展的精神风貌，最终形成淳朴但先进科学的新民风。可以开展各种乡村文明家庭评选、文明村镇联合活动、文明村户和文明社区活动等，通过对优良家风家训家规的展示和宣传，来推动乡村优秀文化传承典型的形成和普及；通过开展传承和优化乡村优秀传统文化和习俗的活动，来提高民众的参与热情和激情，充分发挥出乡村民众的文化潜力，挖掘出乡村传承文化的核心，使其最终与社会主义核心价值观相融合，形成乡村崭新的淳朴民风，促进民众能够从淳朴民风中源源不断地汲取动力去修身、齐家，建构优良的家风家训家规。

2. 坚持法治教育先行

淳朴民风的厚养，需要建立在乡村法治教育先行的基础上，通过法治教育来推动乡村深切认识到陈规陋习的危害，并避免乡村民众受到不良风气的侵染。

乡村法治教育先行，首先要从乡村基层组织领导干部着手，在提升领导干部综合素质的基础上，引导民众形成文明节俭办理红白事的风气，引导民众不再攀比，从而推进淳朴民风的快速形成。其次，需要在领导干部的带头作用下，组织群众参与法治教育和普法宣传活动，引导民众学法、用法、遵法、守法，逐步培养出乡村中的法律明白人，以点带面推进法治教育的普及。在乡村民众形成有法可依、有法可据、遵法行事的意识后，淳朴民风自然会逐步形成。最后，需要乡村基层组织能够积极组织民情民意查访，通过对民众情况的及时了解，尽早制止各种危害乡村社会淳朴民风形成的不良风气和行为，并积极对民众的所思所想进行正向引导，提升乡村各项事务的效能，最终实现民众幸福。

3. 依托村规民约

村规民约是在乡村自治过程中形成，对全体村民具有约束和保障作用的规章制度。通常村规民约能融合乡村自身的民风民俗和道德观念，从此角度而言，通过对村规民约的强化和优化，将对应淳朴的民风民俗和发展的道德观念进行融合，能够对乡村优良民风的形成发挥极大的推动作用。比如，村委员会可以通过典型管理公示、福利待遇取消惩戒等方式，来彰显村规民约对村民的约束作用和保障作用，以推动遵规守约荣誉感的普及，从而起到引导乡村民风走向的重要作用。

4.筛选优秀传统文化

乡村民风的养成受乡村传统文化的影响极大，因此想要形成淳朴的乡村民风，就需要对乡村传统文化进行筛选，提炼出其中优秀的传统文化进行吸收、发扬、继承，而对于其他不利于和不契合乡村发展和社会发展的文化，则需要进行摒弃、改善或者创新，以推动传承下来的传统文化更加优秀。

可以在乡村倡导邻里团结、遵纪守法、尊老爱幼等，通过良好的文明言行来抵制歪风邪气，以摒弃和替代原本的不良风气。通过筛选优秀传统文化，来树立乡村的文明新风气，全面提升村民的文化素质和道德素质，从而构建良好的乡村民风，最终令乡村的精神层次得到提升，有情节可安放、有乡愁可寄托。在乡村社会之中，本身就蕴藏着许多优秀的传统文化。传统文化一直栖身于乡村社会之中，主要在乡民的生产生活中流转。要想厚养淳朴民风，就需要拓宽和挖掘乡村的文化体系，将这些潜藏在乡村社会生活中的优秀传统文化提炼和凝聚出来，通过弘扬乡村的社会正气，来培养和规范乡村的人文精神、道德体系。

（三）孕养和打造文明的乡风

乡风的形成主要依托于乡村区域的特色、民众的思维方式、历史的文化传统等，通过糅合乡村民风和村民家风，最终才形成了极具特色的一种乡村本土文化。在乡村经济快速发展，城乡一体化进程不断加快，乡村现代化、信息化、城镇化不断推进的过程中，广大乡村农民群众的物质生活水平得到了很大提高，因此也对精神文化有了更高的要求。

在乡村经济水平快速提高的过程中，一方面因为乡村的城镇化发展，城乡结构和乡村传统遭遇了很多挑战；因为乡村经济发展过快，但文明健康的生活习惯却尚未成型，所以一些原本就广泛存在的陈规依旧影响着部分民众的思想。要想打破这种困境，乡村急迫需要建立完善且健康的文明乡风，这不仅是实现乡村现代化发展的核心支撑，更是熏陶和凝练乡村民众精气神、点燃民众团结热情、激发民众努力拼搏的精神支撑。可以从以下两个方面来孕养和打造乡村文明的乡风。

首先应紧紧围绕培育和践行社会主义核心价值观，让其在乡村落地生根，逐步和乡风相融合，并为文明乡风的建构提供精神的指引和方向的引导。社会主义核心价值观是当代中国精神的集中体现，可以说凝结着全国人民统一且健康的价值追求。要在乡风之中融入社会主义核心价值观，就需要做到以下三点。

一是将其融入乡村各项群众参与的文化活动中，通过民众喜闻乐见的形式来开展蕴含着积极向上价值观的文化活动，从而推动乡村民众在潜移默化中受到熏陶和影响；二是需要将社会主义核心价值观融入村规民约中，将其贯穿于村规民约从而促进其不断完善，最终有效引导和规范乡村民众的思想和行为，推动民众孕养文明的乡风；三是将其融入乡村思想文化阵地的建设，即通过推动乡村的文化广场、综合文化服务中心、村民活动中心等的建设，将这些建设作为社会主义核心价值观的有效载体，从而推动乡村民众在生产生活行动之中受到社会主义核心价值观的熏陶。

其次，要通过开展形式多样的乡风文明建设活动来正民俗、肃民风、明风气、树文明乡风。乡风文明建设活动需要以习近平新时代中国特色社会主义思想为指引和方向，在坚定文化自信的前提下，传承和发扬优秀的传统文化，融合科学先进的现代文化，并采用雅俗共赏、颇富特色、丰富多彩的形式，来发展具有时代特性和乡土气息的乡土文化。

具体措施包括：可以通过乡村地方特色的民间艺术的推广和保护，来延续乡村的历史文脉和历史印迹，从而将乡村发展为具有地域特色和乡土气息，同时具备历史记忆和历史底蕴的文明之乡；要重点保护乡村的特色街巷、特色建筑、居民祠堂等，妥善进行乡村景观体系规划，构建现代化特色和传统文化内涵相融合的乡村人文景象；妥善利用和挖掘乡村的传统节日风俗，开展具有地方特色的群众性娱乐活动或民俗活动，运用庆祝活动来传承和弘扬传统美德和传统文化，在推动乡村特色节日发展的基础上，实现乡土文化与现代文化的融合；运用丰富的文创活动和评选活动等，充分发挥出乡村的典型，包括文明家庭、身边文明人、和谐家族等，以推动良好家风、民风、乡风的示范性，使崇德向善、爱国爱乡、孝老爱亲、和谐共处等文明乡风行为成为乡村民众自觉追求和自觉践行的方向。

综合而言，文明乡风的孕养和打造，需要因地制宜且勇于创新，在紧密结合社会主义核心价值观的基础上，可以不断去汲取优秀传统文化的影响，从而将良好家风、良好民风、良好文化行为等渗透到乡村的日常生产生活之中，逐步打造和实现乡村振兴战略中乡风文明的总体要求。

二、道德规范体系和公共文化建设

乡风文明在乡村的具体表现是乡村中人与人、人与社会、人与自然的关系和谐统一，继承和吸收优秀民族文化传统和其他民族的优秀文化传统，形成适宜乡村发展、适宜社会发展的健康社会风气和精神风貌；农民群众在知识水平、思想观念、素质修养、道德品质、行为操守等各个方面积极向上、欣欣向荣。

要打造乡风文明推动乡村振兴，除了从家风、民风、乡风的孕养和提炼之外，还需要建立健全乡村的道德规范体系建设和公共文化的建设，最终在发展乡村经济的同时，激活乡村文化并提振乡村精神，形成"仓廪实而知礼节，衣食足而知荣辱"的乡村文明新气象。

（一）乡村道德规范体系的建设

乡村振兴战略的实施和实现，需要在解决乡村经济发展、推动农民共同富裕的同时，加快乡村精神文化生活的培养和富足。随着近些年乡村社会经济发展的不断加快，乡村民众的物质生活也开始逐步富足，但同时乡村经济的快速发展、城镇化进程的快速推进，也致使乡村精神文化生活较为匮乏；同时乡村文化也受到了城市文化和工业文化的冲击，在一定程度上影响了乡村的乡土文脉，甚至导致乡村文化出现了流失。

另外，互联网的普及和发展，也令乡村各种智能终端盛行，但对应的网络文化知识和网络防范意识却没有跟上，这就造成乡村民众更易受到网络诈骗的欺骗而造成损失。同时城市工业化发展吸引了很多农民工进入城市打拼，只有到过年过节时才有机会充分回家放松，但乡村的娱乐方式又较为单调，多数为麻将、纸牌等。这些现象的出现都是因为乡村道德规范体系建设没有跟上所造成。具体需要从以下几个角度着手建设乡村的道德规范体系。

第一，要注重传承优秀的乡村传统文化，包括乡贤造福桑梓的优秀传统、邻里守望相助的优秀传统、乡民敬老爱幼的优秀传统等。这些优秀的传统文化均蕴含着极为健康向上的价值观，要通过加强乡村精神文明的建设，将这些积极向上的价值观普及到乡村民众心中，最终化为乡村民众的集体行为和集体意识。

第二，为传承优秀的乡村传统文化，需要加强乡村精神文明的建设。这就要求乡村基层组织充分发挥带头人的作用，引导乡民大力弘扬和践行社会主义核心价值观，倡导为他人服务的集体观念，积极推行乡村优秀传统文化和优秀品德的传播。

第三，要加强乡村的思想道德建设，需要在传播、宣传、引导乡村优秀传统文化和建设乡村精神文明的过程中，及时对不健康的文化元素进行打击和摒弃，通过积极的监管和取缔手段，将这些不良文化活动灭杀在源头，通过积极向上的文化来提高民众的思想境界，提升民众的精神风貌。

第四，要全方位培养乡村高尚的道德体系，需要从讲、看、听、行着手让道德体系成为乡村民众的精神支撑，并最终衍化为民众的自觉行动。"讲"需要通过乡村基层组织领导干部积极发挥带头引导作用，通过宣讲小组巡回讲、农村喇叭经常讲、新兴媒体随时讲等形式推行通俗易懂的道德理论，逐步提高乡村民众的道德责任感和价值判断力。"看"需要加强乡村基础文化设施建设，可以在乡村显眼位置设置醒目的道德公益展牌展板，以潜移默化的形式彰显厚德文化并对民众产生影响；可以在乡村打造核心价值观一条街，通过文化街的形式宣传和引导民众崇德向善；可以运用乡村道德主体绘制接地气却富含历史底蕴的乡村文化墙，打造乡村文化长廊。"听"需要和"讲"相结合，在各乡村开展各种形式的道德讲堂，围绕善、贤、仁、德、义等道德关键词讲德传德，以推动乡村民众随处可听德的实现；另外则是以乡村身边人的道德宣讲，让民众了解到身边道德事和身边文明人，通过种种民众身边发生的道德事来起到教育和教化作用，令民众有榜样、有目标、有方向，逐步树立健康的道德观念。"行"需要在乡村发展过程中，促进各种要求的落实，让道德如影随形，从细微行为中传播道德观念，在潜移默化中推动民众行德。要将讲、看、听落实到位，推动民众自觉遵从道德观念并化为自觉行动，最终逐步实现乡风文明。

（二）乡村公共文化建设

实现乡风文明需要做到振兴乡村文化，这就要求乡村公共文化建设能够成为基本载体，通过乡村的公共文化建设挖掘出乡村优秀农耕文化中蕴含的思想观念、道德规范、人文精神，并逐步将其打造为乡村特色的乡土文化。具体需要从以下三个角度入手。

1. 健全乡村文化基础设施建设，激活文化设施功能

乡村基层组织要重视乡村文化基础设施的健全，令优秀乡村文化拥有适宜的载体，从而不断丰富乡村的各种公共文化活动。这需要推进乡村文化广场、农家书屋、民俗博物馆、民众体育健身中心、文化综合服务中心、乡村社会文化站等设施的完善。

在完善乡村文化基础设施建设的同时，还需要通过各种手段和形式激活这些基础设施的公共文化传播效能，最佳的方式就是将其与民众文化活动进行紧密结合。可以从以下几个层面促进公共文化设施作用的发挥。

一是结合国家送书下乡、送戏下乡、送电影下乡等活动，丰富群众的文化生活，通过落实各项文化活动来推动乡村公共文化设施成为民众的人文家园和精神家园；二是丰富乡村文化活动的载体，从乡村重点人群、突出问题着手，积极回应乡村民众的现实文化需求。当前乡村社会的重点人群是常年留存在村中的妇孺老弱群体，他们本就是乡村社会中相对弱势的群体，又和外出务工的乡村青壮年有紧密的社会关联，因此他们的文化生活质量和精神面貌直接关系到整个乡村群体的生活质量和精神文明质量。

乡村基层组织要从这些重点人群所反映的突出问题着手进行解决和满足其需求，首先是从村规民约入手加强移风易俗行动的落实，弘扬健康的文化风气和乡村文化。其次是组织乡村的老人和妇女，引导她们发挥自身的积极性和主动性，开展各种形式的文化活动。这样一方面能够丰富她们的闲暇生活，推动她们的精神文化生活逐渐丰裕；另一方面也能够从根本上阻断低俗文化和不良风气的传播。

2. 推进文化惠民活动，打造乡村文化服务品牌

乡村基层组织需要积极打造乡村文化服务品牌，将公共文化资源向乡村倾斜，为乡村提供更好更优质的公共文化产品和服务。可以从三个方面推进文化惠民活动。

首先，以弘扬优秀传统文化为依托和核心，积极开展各种乡村文化节庆活动。可以在保护和传承优秀乡村传统文化的基础上，运用创造性思维对其进行转化、发展、升华，赋予优秀乡村传统文化更契合的时代内涵和更丰富的表现形式；可以深入挖掘优秀传统文化中蕴含的思想观念、人文精神，并对其进行整合利用，紧密结合时代特性发挥其教化民众、淳化民风、凝聚民心的重要作用；也可以利用乡村重要的传统节日，打造和开展乡村自身节日的主题活动，广泛推广乡村特色的民俗文化活动，并结合现代化特色，让乡村民众感受到乡村之中的深切乡情文化和乡村文明新风。不同的乡村社会蕴藏着不同的优秀传统文化，因此要发挥出民众的主动性和参与性，精心开发并进行创新，打造出具有乡村特色的本土文化品牌。

其次，围绕乡村振兴战略，推动乡村基层组织的文化服务效能，这一方面能够丰富乡村民众的文化生活，另一方面能够提振乡村民众的精神面貌。可以推动乡村振兴战略相关题材的文艺创作和制作，挖掘和创造弘扬乡村发展的时代旋律以及能够反映民众心声和贴近乡村民众生活实际的各种故事，通过贴心式文艺作品的创作来提高民众的接受度和兴趣度；也可以在解决乡村民众现实问题和回应民众诉求的同时，将优秀传统文化和社会主义现代文明融入具体工作实践之中，在推动文化融合的同时，丰富乡村文化生活内涵。

3. 开展丰富的文化活动来突出文化共享

乡村优秀文化的孕育，还可以依托于乡村文化的共享机制，通过乡村公共文化基础设施的建设，突出文化共享的理念和观念，逐步打造乡村文化堡垒，构建出乡村精神文明的高地。

可以通过丰富的文化活动，有机融入社会主义核心价值观，并加强乡村优秀文化的借鉴作用。结合乡村本土特色和资源状况，打造形式和内涵更加丰富的文化承载体。比如，结合乡村生活，绘制导向鲜明且新颖活泼，群众

易于接受且糅合多种优秀文化的美德文化墙，综合运用乡村身边文明人文明事的宣传和引导作用，使乡村民众能够在日常生活中受到熏陶和教育，从而获得更加丰富的精神文化生活。

第三节　乡村文化体系建构与体制机制建设

乡村文化体系的建设与管理，一方面体现在乡村文化体系的建构方面，需要在乡村振兴战略的背景下，运用具体手段和措施健全乡村文化体系；另一方面则体现在要建立促进乡风文明实现的体制机制，通过体制机制建设实现对乡村文化体系建设的引导、推动、完善和治理。

一、乡村文化体系的建构

文化的主体是人，乡村文化的主体则是农民。乡村民众不仅是建构乡村社会和环境的主要参与者，还是传承乡村文化和推动乡村文化发展的主要载体。乡村文化体系的建构和完善，需要以乡村优秀传统文化的传承和传播为基础，以四大乡村文化相关体系为支撑。

（一）乡村优秀传统文化的传承与传播

乡村优秀传统文化的传承和延续，能够在乡村之中打造和构建出孕育现代乡村文明乡风的土壤，最终依托于优秀的传统文化，一步步打造独具特色的地域性、乡土性文明乡风。

1.乡村优秀传统文化传承现状

乡村经济和社会的快速发展，推动着农民对精神文化的需求不断提升。但是因为城市化进程的加快，传统乡村文化传承受到极大冲击，甚至出现了极为明显的断层，这主要是因为乡村经济受到城市经济冲击后，很多乡村青壮年开始聚集到城市谋求发展，并逐渐开始向非农化过渡，造成了乡村"三留守"人员根本无法肩负起乡村文化传承的重任，使得很多传承已久的乡村物质文化和精神文化后继乏力。

从乡村现实情况来看，很多乡村传统的节日祭祖、婚丧嫁娶、动土上梁等传统仪式已经被逐步简化。而传统的服饰文化、刺绣文化、建筑文化、剪纸文化等工艺性内容后继无人，即使很多身怀绝技的前辈想将这些优秀的传统技艺进行传承，但由于个人力量有限以及资金和社会条件掣肘，都使得这些物质文化和非物质文化遗产无法进行有效的传承和延续。

有些乡村传统的民俗文化技艺、传统手工生产技艺等无法与规模化的机器媲美，也造成乡村作坊式生产模式和手工技艺模式面对市场毫无竞争力，最终不得不泯灭于历史的长河之中。针对这样的现状，应为这些特定的文化传承和技艺寻找一种量身定制的保护机制和宣传策略，以便推动这些优秀的传统文化获得新的活力和复苏的机会，从而带动优秀民俗文化的传承和延续。

最直接也最核心的做法，就是要守住中华优秀传统文化的根基，深化民众对优秀传统文化的认识和理解，挖掘出优秀传统文化的价值内涵，激发出源远流长的优秀传统文化的生机，最终以优秀传统文化为核心铸就中华民族之魂。①

2.拓宽保护和传承优秀传统文化的手段

中华民族文化体系的本源是乡土文化，中国文化的根脉在乡村，包括乡音、乡德、乡土、乡情、乡景、民俗、民歌、节日等，这些都是中华优秀传统文化的基本内核，整个中华民族的各种乡村文化融合凝练之后，最终形成了传承数千年的优秀传统文化。可以说中国优秀传统文化之中，蕴藏着不可磨灭的乡村符号和乡村印迹。

在实施乡村振兴战略过程中，需要注重对乡村优秀传统文化的保护和传承，拓宽保护优秀传统文化的各种渠道，以便发挥出优秀传统文化的支撑力和承载力，在令乡村更具魅力的同时，提升乡村民众的思想内涵和文化底蕴。具体的手段可从以下三个角度入手。

（1）打造完善的道德教育体系。要深入挖掘乡村优秀传统道德教育资源，最佳的做法就是通过对乡村中良好家风、家规、家训的教化和熏陶作用

---

① 江丽．城镇化背景下乡村文化的传承与创新 [J].郑州航空工业管理学院学报（社会科学版），2016（6）：136-139.

的挖掘，从家庭层面提升乡村民众的文化底蕴；通过良好家风来逐步打造良好民风，并依托于村规民约的约束作用和保障作用，为优秀传统文化的传承提供平台和空间。

（2）保护乡村优秀传统文化印迹。在进行乡村基础设施建设过程中，一定要注意尊重乡村的历史记忆和物质文化遗产，对拥有文化底蕴和对应景观价值、社会价值的古树名木、老旧民宅等予以保留，并进行系统性科学化保护。通过保留乡村的历史印迹来推动乡村民众对优秀传统文化进行传承。

另外，在完善乡村基础设施建设时，需要充分挖掘和提炼乡村本土的风格和特色，实现外部改造延续和传承优秀的文化特性，内部则融入现代化生活特性和民众特色需求，以实现传统风格与现代风格的有机统一，使其在延续传统的同时，不会和现代化发展脱节。

（3）打造乡土文化品牌。在进行乡村规划建设时，一定要将乡村本土传统文化内容和元素考虑在内。需要分两部分进行发掘：一部分是优秀传统文化的承载体——乡土物质文化资源的保护、传承和发展；另一部分是非物质文化遗产向优秀传统文化的保护、发扬和延续。应致力于一村一特色、一村一品牌的乡村规划设计，打造具有乡土特色的文化品牌。

首先，在乡土物质文化资源方面，需要加大对乡村名木古树、特色民宅、村落布局、乡村古建筑等物质文化遗产的普查和保护力度，在保护这些物质文化遗产的基础上，发掘其人文和生态特色内涵，并形成乡土文化体系，通过文化活动、文化产业品牌、文化团队、文化长廊等活动和措施，推动乡村优秀物质文化的传承和宣传。使这些物质文化遗产与乡村规划建设相得益彰，推动传统优秀文化承载体和现代文化相融合。这样既能够彰显乡村的优秀传统文化魅力，又能够展现乡村的规划和发展路径，从而令民众记得住乡愁、感受得到乡情。

其次，乡村非物质文化遗产方面，需要对乡村特色民俗文化、戏曲曲艺、手工工艺、少数民族文化、民间文化传承等进行传承提供支持，深入挖掘乡村特有的非物质文化资源，以推动文化特色产业的发展。可以由乡村基层组织牵头组建一些民间的文艺演出队伍，或建立民间手工艺作坊，引导民众利用农闲时节开展各种特色文化活动，包括文化走村串户、传统手工艺演示和教学等，通过活动的形式留下非物质文化遗产，并为民众创收。也可以建立非物质文化遗产演示馆，在加强非物质文化遗产的传承基础上，提高乡村的文化宣传力度，打造属于乡村的独特文化品牌。另外，乡村基层组织要带头推动乡村和学校、企业的合作，对乡村特有的非物质文化遗产进行研究和内涵挖掘，并对其进行恰当的创意开发，打造非物质文化遗产的衍生产业，将非物质文化遗产资源转化为真正的文创产品。这样既能够有效推动优秀传统文化的宣传，还能够建构体系化的非物质文化遗产产业模块，在提升乡村文化吸引力的同时，推动乡村经济的发展。

（二）四大乡村文化相关体系建设

乡村文化体系的建构需要通过多元主体参与、多样内容发展、多种形式推进来完成。综合而言需要完善以下四大乡村文化相关体系的建设。

1. 健全乡村公共文化服务体系

乡村优秀传统文化的传承与延伸，推动乡村打造颇具特色的文化品牌，都离不开乡村公共文化服务体系的健全，要做到这一点需要从以下四个角度着手。

第一，健全乡村公共文化服务的基础设施。在实现公共文化服务基础设施的供给体系和网络覆盖体系全覆盖的基础上，建设乡村公共文化服务数字化平台，推进乡村公共文化服务标准化的实现；加强道德引导机制，通过道德舆论的引导作用强化乡村民众的道德观念和道德素养；完善乡村法治体系，通过法治体系来有效抵御不良社会风气的侵染，并逐渐摒弃落后的乡村传统风俗习惯和文化。

第二，要加强乡村公共文化服务的软件建设，提高乡村文艺创作、文艺演出、文化管理、文艺编导等各类专业人才的培养和培训。要加强乡村与企业、学校的合作，提升专业人才的教育水平，为培养人才奠定基础和提供保障。

第三，要优化乡村公共文化服务供给，满足乡村民众日益增长的多样化文化需求，通过向不同民众群体以多样化方式提供不同层次的文化产品和服务，来实现健康乡村文化的传播和传承，令民众在文化活动中获取文化补给。

具体可以从乡村高雅文化、群众文化和乡土文化三个角度着手。高雅文化以大型文化表演和体育赛事为主体，在传播优秀乡村传统文化的同时，推动乡村民众加强体育锻炼，促使健康意识的形成和健康体魄的拥有；群众文化则以先锋典型、与法同行、乡村发展等专项主题为主，通过各种专场文艺演出来推动优秀传统文化的发扬，同时提高乡村民众的现代文化底蕴；乡土文化则可以通过乡村特色演出团体为主，引导演出主题积极正向，通过乡土文化表演来加强优秀传统文化与现代文化的融合。

第四，统筹城乡公共文化服务融合发展机制，逐步实现城乡公共文化服务均等化建设。健全乡村公共文化服务体系不能仅仅靠乡村基层组织和乡村社会，必须要通过市县统筹建立城乡文化交流机制和人才保障机制，通过对城乡公共文化服务的统筹安排，来实现城市支持乡村的发展机制。

统筹机制不仅能够推动乡村公共文化服务基础设施规划实现合理化和科学化，还能够通过城乡文化学习和交流互动，促使城乡文化资源的互通互助，实现优势互补共同进步的效果。

2.完善农耕文化保护和传承体系

农耕文化是中华民族传统文化的根基，其地域多样性、乡土民间性、历史传承性不仅赋予了中华民族传统文化极为鲜明的特征，还是中华民族传统文化得以绵延不断历久弥新的重要支撑。而乡村是农耕文化最直接的承载之处，因此建构乡村文化体系必须要完善农耕文化的保护和传承体系。可以从保护、传承与创新三个角度着手。

（1）农耕文化的保护。从农耕文化保护角度而言，最有效的手段就是活态化保护，要让农耕文化在现实乡村社会的生产生活中进行流转、继承、展示、运用、发展，要做到活态化保护，就需要做到以下三点。

首先，要着力保护农耕文化赖以生存的生态环境空间，即保证乡村农耕土地的数量和质量，维系其生态平衡以实现农耕活动的可持续发展；其次，要建立健全多样化的教育体系，通过继承性发展来实现农耕文化的活态化传承，如建立职业学校培育、家庭作坊培育、农耕基地培育等综合性培育体系；最后，要对农耕文化进行深入充分的价值挖掘，通过其现代价值的体现，来保证农耕文化遗产地能够获得多方效益，推动乡村民众参与到农耕文化遗产地的保护中，使传承有源头有底蕴。

（2）农耕文化的传承。随着市场经济的不断推进，乡村的经济模式和社会发展也发生了翻天覆地的变化。在此背景下，农耕文化的保护和传承成了必由之路，在活态化保护农耕文化的同时，还需要通过产业化开发式传承，来让农耕文化更具活力和魅力，从而得到历久弥新的传承。

需要通过对乡村农耕文化资源的评估，来为产业化开发提供科学的数据支撑，从而找到最有效的开发模式；需要将现代化信息技术融入农耕文化产品的开发中，将农耕文化和现代技术进行有效融合，通过现代技术提高农耕文化的表达能力，实现农耕文化资源的产业化开发；要挖掘农耕文化资源的特性，提炼农耕文化的核心内涵从而打造文化品牌，令乡村农耕文化能够源远流长。

（3）农耕文化的创新。不同乡村的农耕文化有不同的特性，因此农耕文化的可持续发展就必须通过对农耕文化的创新来提高其市场竞争力，既表现出乡村的特点，又挖掘出农耕文化的生命力。

农耕文化的创新可以从整合创新方向着手，通过加强农耕文化的内容整合，提升农耕文化相关文创产业的内容底蕴，有效提高竞争力；还可以通过对文化和科技的整合来加强农耕文化的外在表现形式，吸引更多人才的参与；另外，可以对农耕文化的价值进行整合，将其所具备的政治价值、社会价值、经济价值、生态价值等有效融汇，加强对农耕文化的保护和开发，将其价值进行最大化体现。

3. 建立乡村现代文化产业体系

乡村文化体系的建构和完善，建立在形成较为完善的乡村文化产业体系的基础上。只有乡村文化形成产业，才能够提升其生命力和传播力，使其最终能够在激烈的市场竞争中站稳脚跟，得以传承和发展。

乡村现代文化产业体系的建立，需要以文化产业发展政策为基础，一方面需要制定对应的专项政策，另一方面则是完善对应的资金保障措施。比如，健全与乡村文化产业发展对应的人才培养政策、试点创新政策、税收优惠政策，在此基础上建立乡村文化产业基金、产业引导基金等资金支持平台，并将乡村文化产业政策的落实和实施纳入基层组织考核，以激励产业体系的完善。①

需要以文化产业创新机制为动力，完善的创新机制应该从创新主体培训

---

① 吴理财，解胜利. 文化治理视角下的乡村文化振兴：价值耦合与体系建构 [J]. 华中农业大学学报（社会科学版），2019（1）：16-23，162-163.

入手，通过人才培养（包括外部引入和内部孵化）来提高可持续发展能力；并创新政府和乡村基层组织的引导机制，通过创新形式的引导和激励手段，以及示范引导和风险规避引导来推动多元化资金投入，形成文化产业发展和提高的支撑；另外要创新乡村文化资源的整合，以此来创建独具特色的乡村文化品牌，形成完善文化产业链来发挥其潜力。

需要以优化文化产业路径为目标，实现乡村文化资源的开发从原本的粗放式向精细化过渡，推动乡村文化产业的竞争发展以及推动乡村优秀传统文化的传承和创新；同时要推动乡村文化资源的开发从单一式向多元化过渡，要开放文化产业发展思路，尝试通过非文化资源的融合创新，来实现乡村各产业的融合发展；另外要广纳各种优秀文化资源，推动乡村内生文化资源的开拓式发展，通过不断吸取优秀文化资源的营养和优势，以内生文化为核心，形成内核不变但发展潜力和发展空间更强的乡村文化新产业。

4.健全乡村现代文化治理体系

乡村文化的延续和发展，除上述三个体系的支持之外，还需要通过匹配的文化治理体系对其进行有效管理，这样才能推动乡村文化健康、快速地发展和完善，并具备持久生命力，维系可持续发展的态势。

首先，需要推动乡村文化治理的多元主体合作，一方面是治理主体的多元化，另一方面则是治理主体的合作平台建构。即将乡村文化治理的多元主体，包括乡村党委政府、文化自治组织、企事业单位、对应专家学者、乡村民众等，通过平等合作互助的方式推动各方共同参与乡村文化的事务管理；治理主体的合作平台建构则需要充分发挥乡村的自治特性，以乡村自治的核心村规民约为承载主体，围绕其建构科学的合作管理平台，如加强法治保障、推动公众参与、促进社会协同、完善党委领导政府负责机制等。

其次，需要优化乡村文化治理的技术，其关系到乡村文化内容的生产、乡村文化组织的培育、乡村文化的展现和宣传等，这是关系乡村文化受众的体验和治理效果的核心内容。这需要乡村基层党委政府加强对乡村文化内核的归纳概括，并赋予文化治理对应的内涵，提升乡村文化的意蕴；在此基础上要优化乡村文化组织的孵化技术、内容展示技术、传承和宣传技术等，全方位提升乡村文化体系的建设和管理。可以由乡村基层组织引导和举办各种乡村非物质文化遗产展演、会演等，包括书画展、摄影展、音乐节、手工节等，来推动乡村文化的宣传和传承；同时要鼓励乡村民众能够以乡村优秀传统文化、乡村农耕文化、乡土风俗、美丽乡村、典型身边人等为主题，自编自导自演对应的文艺作品，展现出乡村新时代新风貌，有效实现乡村优秀传统文化和乡村特色乡土文化的传播。

最后，需要有效提高各主体的乡村文化治理能力，这需要参与乡村文化治理的各个主体，能够按乡村现代化建设和发展的要求，提高对应的文化引领能力、文化认同能力、文化共治能力、文化创新能力等。一方面适应乡村振兴对治理主体的要求；另一方面逐步提高乡村文化的凝聚力，形成乡村共同认可的文化意象和文化内核，完善乡村文化体系，开发出乡村文化的勃勃生机。

乡村文化体系的建构内容可参照下图（图5-2）。

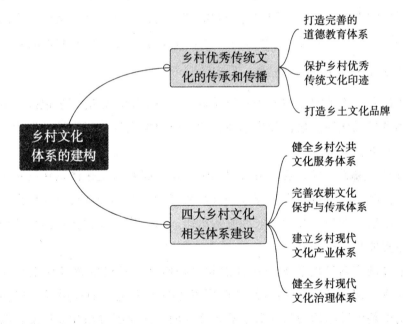

图5-2　乡村文化体系的建构内容

二、建立促进乡村文化体系建设的体制机制

乡村文化体系的建设离不开对应体制机制的促进和推动，其属于一项系统化工程，涉及内容极为广泛，包括乡村的生活生产发展、乡村的生态环境

状况、乡村民众与自然环境的关系处理、乡村民众所展现的精神风貌等。只有建立完善的管理机制，加强乡村基层组织的统筹协调和领导作用，通过乡村全员的共同参与建设的工作格局，从细节入手、放眼未来，才能有效推进乡村文化体系的建设。具体需要从以下五个层面完善体制机制。

（一）建立健全协同管理体制

乡村文化的管理体制需要多方进行参与并协同管理，需要做到党委统一领导、党委政府共同管理、组织部门鼎力支持、村委和基层组织牵头引导和发动、乡村民众积极参与。

具体需要做到乡村基层组织成立领导小组，可由乡镇区域党委政府牵头，由乡镇区域精神文明建设委员会指导，步步为营落实各项管理任务，并承担对应的责任；同时要制定各个职能部门支持和参与乡村文化建设的目标考核办法，通过目标考核来推动乡村文化体系建设的各个计划落实到位。

（二）建立健全资源投入机制

乡村文化体系的建构无法一蹴而就，更不可能由政府完全包揽，需要通过调动乡村民众的积极性和主动性，通过政府的引导作用和推动作用，加强资源投入机制。

政府要按照一级财政一级事权原则，建立起乡村文化体系建设对应的财政投入机制，同时将投入的资金进行切块管理，如部门项目资金切出一部分由区财政建立专户，并归区农办统筹运作，以此作为乡村文化体系建设落实和目标实现的奖励资金。

通过制定对应的资源使用办法和奖励措施，积极发挥各级组织的主动性，实现各级组织共同参与共同挖掘资源投入措施，如采用以奖代补的方式，给予基础设施建设和改善生活环境补助，而对引导组建乡村文化队伍、开展文化活动等进行奖励，最终形成区里奖励、乡镇解决、乡村自筹的方式解决乡村文化体系建设的资金投入。

同时要开展城乡共建活动，动员城乡的资源共享和优势互补，要发动各组织机关、企事业单位、各级文明单位、村镇组织结对帮扶，实现城乡携手发展共同促进，最终健全资源投入机制。

（三）建立健全文化体系建设机制

乡村文化体系的建设和乡风文明的形成，需要对应建设机制的推动。要在健全乡村现代文化治理体系的过程中，建立评比表彰荣誉制度，文化活动需要贴合乡村民众实际，用民众熟悉的语言、熟悉的事例、易于接受的形式开展活动，并运用评比表彰奖励荣誉的手段，激发民众的参与积极性和荣誉感，从而推动民众在参与活动过程中自我提高。

要推动文明院落、文明家庭、文明乡村评比活动，逐步促使民众消除落后和消极的观念，树立健康正确且积极的道德观和荣辱观，从而逐步建立法治意识、科技致富意识、生态环境保护意识、团结和睦意识、文明卫生意识等。

要推进弘扬家庭传统美德的评议活动，通过评选乡村好夫妻、乡村好公婆、乡村好媳妇等活动，加强优良家风家规的形成，并通过各种乡村文艺体育活动来丰富民众的精神文化活动，全方位满足民众的精神需求，促进乡村文化体系的顺畅建立。

（四）建立健全法制机制

乡村优秀文化体系的建成和乡风文明的实现在很大程度上是建立在法律规范和道德规范基础上，在运用优秀传统文化为核心治理乡村文化的基础上，还需要完善乡村的法治体系，推进科学立法、严格执法、公正司法、全民守法的实施。

只有建立健全乡村法制机制，以法律为最终保障，才能够守好底线，引导乡村文化体系的建设能够在更健康更正确的方向上越走越远，从而在减少乡村民众冲突矛盾纠纷的基础上，实现全民遵纪守法、实现和谐社会的目标。

（五）建立健全组织领导机制

构建完善的乡村文化体系，需要以党的组织机制建设为法宝，加强党的领导，做好基层党建工作，以此为乡村文化体系建设的本质抓手，推动乡村基层党组织牢牢掌握意识形态的工作领导权，培养和践行乡村的社会主义核心价值观，这样才能够逐渐促进乡村形成良好的社会风气。

在确保党的统一领导基础上，还需要做到以下几点来健全乡村文化体系建设过程中的组织领导机制。一要加强政府的引导、动员和扶持作用，积极推动组织领导机制的建设；二要挖掘乡村基层党组织的核心作用，挖掘乡村基层领导干部的推动作用；三要促进乡村民众的参与，发挥民众的主体力量和主体作用；四是根据乡村发展现状，不断完善乡村文化体系建设过程中的监管体系；五是积极引导各主体组织有机融合，共建治理平台推动乡村文化体系的建设，在提升服务的同时改善乡村文化条件，促使乡村社会现代文明新秩序的形成。

第六章　保障·乡村卫生健康体系建设与管理

乡村振兴的现代治理体系建设，需要以乡村卫生与健康体系为保障，这是维系乡村健康发展、确保乡村生态环境良性保持的基础，同时也是确保乡村居民能够自觉维持乡村生态、自发保护乡村生态、维持身体健康的保障。

第一节　乡村卫生与健康体系的建设背景

进入 21 世纪以来，全球生态环境开始亮起红灯，主要表现在耕地面积严重退化、臭氧层出现漏洞、全球气候变暖且形势日益严重等。同时，中国经济的快速发展和工业化城镇化步伐的加快使中国自然生态环境恶化趋势极为严峻。

一、全球严峻生态环境下的政策推进

近些年来，全球生态环境的变化对人类社会的发展产生了极大的影响，中国作为发展中国家，经济发展和社会发展一直处于赶超状态，但中国生态环境的严峻程度也在不断加深。在这样的背景之下，中国也开始重视生态环境的保护和维系。

（一）生态环境变化背景下的政策

2015 年，中共中央、国务院颁布出台了《关于加快推进生态文明建设的意见》，明确指出了生态文明建设是中国特色社会主义事业的重要内容，不但关系到中国人民的福祉，而且关乎国家和民族的未来。

2016 年，为了推进健康中国建设，提高人民的健康水平，中共中央、国务院印发并实施了《"健康中国 2030"规划纲要》（以下简称《纲要》）。明确提出健康是促进国民全面发展的必然要求，是中国经济社会发展的基础条件，是民族昌盛和国家富强的重要标志，更是中国广大人民群众的共同追求。同年，国务院印发了《"十三五"生态环境保护规划》，对"十三五"期间生态文明建设和保护提供了基本依据和方向。

2017 年，党的十九大报告提出了实施乡村振兴战略的重大决策部署，针对乡村振兴战略的实施进行了总体部署，提出要按照产业兴旺、生态宜居、乡村文明、治理有效、生活富裕的总要求建立健全城乡融合发展体制机制和政策体系，以便推动农业农村现代化发展。其中，"生态宜居"代替了之前建设社会主义新农村要求中的"村容整洁"，由此可见乡村振兴并非乡村经济领域振兴，而是乡村生态、乡村文化、乡村教育的全方位振兴。因此，在实施乡村振兴战略过程中，必须要加强乡村的生态保护和改善乡村的人居环境，通过融合乡村优秀传统文化来建构拥有乡愁、乡情内涵的乡村乐土。

2018 年 6 月，中共中央、国务院发布了《中共中央 国务院关于全面加强生态环境保护 坚决打好污染防治攻坚战的意见》，提出良好生态环境是实现中华民族持续发展的内在要求。要决胜全面建成小康社会，就需要全面加强生态环境保护，并打好污染防治攻坚战，提升社会生态文明，建设美丽中国。在国家社会政策的基础上，2018 年 12 月，国家市场监督管理总局、中国国家标准化管理委员会联合发布了《美丽乡村建设评价》（GB/T 37072—2018），对引导和建设美丽乡村，推进乡村振兴战略，提出了美丽乡村建设评价的规范和标准。

（二）美丽乡村和健康乡村理念下的政策

1. 生态宜居美丽乡村建设

2018 年，中共中央、国务院印发了《国家乡村振兴战略规划（2018—2022 年）》（以下简称《规划》），其中对美丽乡村的建设、对乡村生态宜居的建设要求进行了统筹规划。

《规划》指出，实施乡村振兴战略是建设美丽中国的关键举措，而乡村是生态涵养的主体区域，因此综合而言乡村最大的发展优势就是生态环境，所以实施乡村振兴战略就需要有效统筹乡村山水林田湖草整个生态系统的治理，并加快推行乡村绿色发展方式，加强乡村人居环境的整治，最终构建出乡村人与自然和谐共生、相互促进的乡村发展新格局。

《规划》第六篇内容中提出要建设生态宜居的美丽乡村，并从乡村振兴的整体规划方面对乡村的生态环境治理和建构进行了指导。分别对乡村突出的生态环境问题进行了指导，包括乡村农业的绿色发展、乡村人居环境的整治、乡村生态环境的保护和治理修复等。其中涉及的具体建构生态宜居美丽乡村的内容可参照下图（图6-1）。

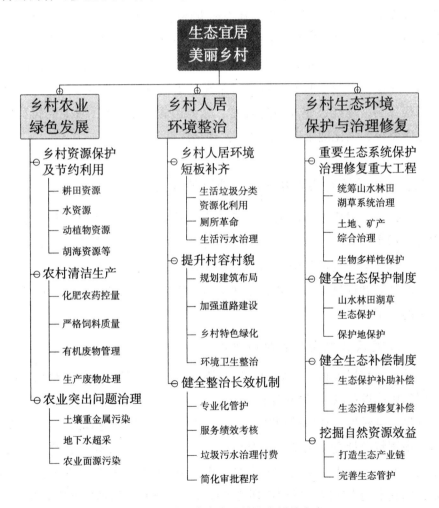

图6-1　建构生态宜居美丽乡村的内容

2. 健康中国，健康乡村

《纲要》的提出是基于中国城镇化、工业化、人口老龄化、生态环境污染、生活方式变化等为中国民众的身心健康带来的挑战，从而作出的统筹解决人民健康问题的指导性文件。

国民健康长寿才是国家富强和民族振兴的标志，随着中国经济的快速发展，国民健康领域发展和社会经济发展之间出现了突出矛盾，即健康服务供给总体不足，而健康总体需求在不断增长。为解决这一问题，推动全民健康的实现，制定了《纲要》，其具体内容均是以提高全民健康水平为核心，通过对全民普及健康生活、完善健康保障、建设健康环境、发展健康产业、优化健康服务等措施，全方位维护和保障全民的健康，从而大幅提高居民的健康水平。

《纲要》中明确指出，建设健康中国的核心是人民健康，而人民健康的重点就在于基层乡村。只有坚持政府主导、积极引导，推动社会各个组织和个人积极参与，才能够建成预防为主、落实健康生活方式、减少疾病发生、提高健康意识、强化健康理念，最终实现全民健康。

二、相关政策对实施乡村振兴战略的作用

不论是从全球生态环境来看，还是从中国乡村社会和经济发展来看，只有实现乡村生态宜居、建成美丽乡村，促成乡村民众身心健康之后，才能形成推动乡村振兴实现的保障。因此，《规划》和《纲要》中有关乡村生态宜居的战略部署和促进乡村民众身心健康的措施，都对实施乡村振兴战略有极为关键的作用。

（一）建设生态宜居乡村的作用

建设生态宜居乡村是《规划》中总体要求之一，其对实施乡村振兴战略的主要作用体现在以下三个层面。

首先，乡村生态环境的现状急需建设生态宜居乡村战略部署。乡村振兴战略是中国特色社会主义新时代对乡村发展进行的全新定位。在全球生态环境较为严峻的背景下，实现乡村振兴的过程中必须要把握好乡村的生态环境问题，尤其不能再次陷入以牺牲环境换取乡村经济短期增速的死循环中。

另外，虽然近年乡村社会和经济的发展成果有目共睹，但也出现了一些

较为严重的生态问题，主要体现在农业生产和日常生活两个层面。在农业生产方面，偏林牧地区的乡村开垦土地进行农作物种植，造成了很多林牧土壤沙化严重，林牧区域严重缩小，绿化程度大幅度降低；耕地生产则出现了农民过度使用化肥和农药，以推动耕地产量提高，从而导致了耕地肥力流失严重，农药污染严峻；另外，在农业生产过程中，为了对耕地进行灌溉，过度开采地下水，从而导致乡村水资源紧张等。

在乡村日常生活方面，则是日常生活垃圾处理不当，不仅垃圾分类并未进行有效实施，且垃圾堆放不科学、回收利用不彻底，从而导致生活垃圾污染了乡村土壤和河流水资源；另外，则是乡村开展厕所革命不够彻底，对乡村土壤乃至地下水资源的污染和影响依旧存在。

其次，城乡的协调均衡发展对乡村生态环境提出了内在要求。城乡发展的不均衡不充分，不仅体现在经济层面、社会基础设施建设、教育和公共服务等方面，还体现在生态环境保护和治理、乡村基础医疗卫生、乡村基础医疗保障等方面。这就造成了作为依托工业化发展兴起的城市，其人居环境乃至生态环境均超越了乡村，而原本乡村生态环境才是最大的优势。这种城乡均衡发展的趋势，对乡村生态环境的改善和治理提出了新挑战，而生态宜居战略部署的提出，则为乡村生态环境的发展提供了新的标准和方向。

最后，乡村生态宜居战略部署的提出，满足了城乡居民尤其是乡村民众对美丽家乡的向往。从乡村民众角度来看，其是乡村振兴战略的实施者，也是生态宜居乡村建设的受益者和参与者。随着乡村经济和社会的发展，乡村民众的物质生活水平不断提高，因此也就对乡村的农业生产环境以及日常生活环境拥有了更高的期待。乡村民众在水、电、路、网等基础设施得到完善和改善的基础上，也期望通过自身的参与，推动生活的乡村能够拥有更加优良的生态环境，这是乡村民众的内心诉求。[①]

从城市居民角度来看，乡村城镇化的发展必然会推动乡村经济体系的完善，而乡村作为休闲度假、旅游散心的好去处，城市居民自然对乡村的生态环境提出了更高的要求：乡村清新的空气、优美的田园风光、健康的生态体

---

① 孔祥智，卢洋啸. 建设生态宜居美丽乡村的五大模式及对策建议——来自 5 省 20 村调研的启示 [J]. 经济纵横，2019（1）：19-28.

系、历久弥新的新农耕文化等，这些都需要建设生态宜居的美丽乡村。从更高层次来看，美丽中国的实现，同样需要生态宜居美丽乡村的支撑。美丽乡村的实现，才是打造美丽中国的核心基础。

（二）推动健康乡村对实施乡村振兴战略的作用

《纲要》中明确了推进健康中国建设的行动纲领和宏伟蓝图，党的十九大报告中更进一步提出了要实施健康中国战略。全民身心健康被提升到了中国现代化建设全局的高度，成为中国未来发展中的一项国家战略。推动健康乡村的实现，对实施乡村振兴战略有以下几个作用。

1.“健康”是人类社会发展过程中的核心基石

健康的前提是没有身体疾病，同时要确保心理的健康、身体素质良好且具备较好的适应能力。“健康”在整个人类社会的发展中是最为重要的核心，毕竟没有健康的民众就不会有快速发展的社会，其地位和作用主要体现在三个层面，分别是个体和家庭层面、国家层面和人类层面。

从个人和家庭层面而言，健康是个体成长、发展、幸福的基础，毕竟对个体而言，没有健康就将失去一切；同时，个体的健康对家庭而言同样非常重要，其不仅能够提高家庭的幸福感，还能够使家庭以健康为基础得到更好的发展、寻求更多的追求、实现更多的目标。另外，健康是每个人的基本权利，不论在国际还是在中国，个体的健康都是人的基本人权和重要权利。

从国家层面而言，国民身心健康是中国社会和经济快速发展的基石，也是国家富强和民族复兴的根本目标。其一，只有个体拥有健康的身心，才能够发挥出个体的能力和潜力，并有效提高个体的劳动生产率，从而凝聚为社会生产力，最终推动整个中国的发展和提高。其二，个体身心健康同时也是社会发展的重要目标，国家拥有了健康的国民，就能够拥有可持续发展的能力，从而提升为更加强大的综合国力，所以从国家层面而言，推动全民身心健康也是发展道路上必须实现的目标。

从人类层面而言，健康不仅是一个国家软实力的根本表现，能够代表这个国家的未来发展潜力和持久发展能力，还是整个人类可持续发展的核心动力。毕竟从全球范围而言，人类发展的核心根基必然是健康的个体，只有无数健康的个体团结一致，才能保证人类在发展道路上走得更加长远和坚定。

2．"健康"是中国发展总体布局的关键

党的十八大提出了中国"五位一体"发展总体布局，包括落实经济建设、政治建设、文化建设、社会建设和生态文明建设。此布局中民众的健康是体现布局发展成效的重要指标之一。

从经济建设角度分析，民众健康和经济的发展是相互依存且相互促进的关系。有效提高民众的健康水平，自然能够提高劳动生产率、提高人力资本对经济的贡献度等；而经济的持续发展，也是改善民众健康水平的基础，以便为实现健康提供必要的物质技术支持。

从政治建设角度分析，党的发展一直和人民紧密结合。而从长期来看，健康不仅是民生问题，更是涉及社会主义现代化建设的政治问题，协调好民众的卫生、健康与社会发展的关系，才能够在有效提高社会经济发展的同时，推动民众健康水平的提高，从而建立和谐稳定的社会环境。[1]

从文化建设角度分析，健康文化的核心是人与自然的协调，以及人与疾病的斗争。要提高民众的健康水平，必须依托于预防疾病、维护健康、增进健康过程中的各种成果，尤其是健康文化的建设和普及。这需要向全民普及健康知识，建立全民的健康意识和生态意识，通过天人合一的传统文化来支撑和丰富民众的精神文化，才能够最终形成民众追求健康、热爱健康、保持生态环境健康的和谐发展态势。

从社会建设角度分析，社会发展的根本是保障和改善民生，要实现这个目标就必须推动健康领域的完善，包括健康公共服务领域均等化、医疗卫生服务公益化、医疗健康保障普及化等，尤其是推动城乡健康差异缩小，才能够促进社会公平，推动社会和谐发展。另外还需要着重医改，推动民众健康保障体系的完善，解决民众看病问题，满足民众对美好生活和健康的需求。

从生态文明建设角度分析，民众的身心健康需要依托于健康的生态环境，生态文明建设的重点在于解决日益突出和严峻的环境污染问题，并加强环境污染的综合治理和改善。只有推动民众形成科学的生态意识，自觉维系生态环境健康，才能够逐步实现民众健康水平提高的目标。

健康中国建设的重要抓手就是建设健康城市和健康乡村，而在城乡发展

---

① 王秀峰．健康中国战略的地位、作用与基本要求 [J]．卫生经济研究，2019（4）：3-6．

差异化问题依旧存在的情况下，健康乡村的建设就是需要重点关注的节点和重点，也是最终实现城乡一体化发展的重要推手。

第二节　乡村生态意识和健康意识的构建

全球日益严峻的生态环境，推动着各国极为关注生态环境的保护、治理、改善和修复；2017 年实施乡村振兴战略的重大决策部署，明确指出了实现生态宜居乡村的总体要求。可见，生态宜居是实现美丽乡村、美丽中国建设的重要基础。2016 年《"健康中国 2030"规划纲要》的出台，明确指出了要将建设健康城市和健康乡村作为推进健康中国建设的重要抓手；2018 年，中央一号文件同样明确指出了要推进健康乡村的建设。自此，建设健康乡村也被纳入涉农政策的综合考量中。在以上背景之下，生态宜居乡村的建设和健康乡村的建设均被提上了日程。要实现这些目标，首要任务就是要构建较为完善的乡村生态意识和乡村健康意识，推动乡村民众乃至全民均对其提高重视，才能通过完善的意识形态引导行为。

一、乡村生态意识的构建

中国乡村最大的优势和最宝贵的财富就是良好的生态环境，也是乡村发展和乡村振兴过程中最大的发展潜力和最具吸引力之所在。因此，实现乡村振兴，乡村生态环境的保护、价值呈现和可持续发展方向极为关键。乡村生态环境是维系生态平衡的重要载体，因此在实施乡村振兴战略过程中，必须要从尊重自然、顺应自然、保护自然的意识出发，并以节约自然资源、推动自然协调恢复为路径，实现乡村生态环境的有效利用和有效保护。

（一）乡村民众生态意识现状

实施乡村振兴战略的各个主体中，乡村民众是极为关键也极为重要的一部分。针对建设生态宜居乡村这项根本任务而言，乡村民众的生态意识并未完善，主要体现在以下两个方面。

1.乡村民众的生态认知不足

建设生态宜居乡村的必要条件就是乡村基础公共设施的建设,其是乡村民众生产和生活的重要支撑,也是推动乡村生态环境治理和改善的重要元素。但在多数乡村民众的认知中,乡村基础公共设施的建设和运行管理均是政府和乡村集体负责,其自身参与度并不高,从而造成乡村基础公共设施无法发挥出推动乡村生态环境改善和治理的引导作用。

乡村中一部分与生态环境保护、改善、治理相关的基础设施建设,后续没有进行专业的运行维护,这就造成基础设施的作用无法最大化发挥。

2.乡村社会资本的生态认知不足

我国虽然从政策方面一直在大力扶持生态宜居乡村的建设和实现,但相对而言乡村的经济弱质性依旧明显,尤其是在乡村民众的生态意识尚不健全的情况下,与建设生态宜居乡村相关的项目具有风险较高、投资周期长、回报率较低等发展态势,因此导致很多乡村社会资本对参与到此类项目的积极性很低。

建设生态宜居乡村的相关项目吸引社会资本不仅需要强有力的政策支持,如通过较高的补贴和扶持政策来吸引社会资本目光,以推动社会资本进入,还需要通过提高乡村民众和乡村社会资本的生态意识,从而群策群力完善对应项目的产业模式,推动生态宜居项目能够形成收益可观或经济循环利用的成熟产业,调动社会资本参与到乡村的生态宜居建设中,也可以推动乡村生态环境的保护和改善修复。

此处介绍几种生态宜居乡村建设的产业模式,乡村社会资本可以不断提高对乡村生态宜居建设的理解,结合乡村现状特性开发新的产业模式。

一是农产品加工产业带动,即依托乡村种植业优势,推动乡村打造特色的农产品加工品牌,形成农产品种植、产品加工、产品营销、产品深加工为一体的产业链,以便带动乡村集体增收,从而为乡村的生态宜居建设提供资金支持和保障。另外还可以依托种植业来推动乡村生态宜居项目的开发和挖掘,形成围绕种植业、农产品加工业的全产业链,如农业生态园项目、特色农产品种植项目、对应文创项目等。

二是非农产业带动,此类产业模式需要乡村和适宜的非农产业大型企业相邻。企业对乡村的土地有所需求,可以建立乡企共建、乡村集体以土地入股满足企业非农产业发展,企业则注资来改善乡村的生态环境和人居环境等，以企业为依托来实现乡村生态宜居的建设。此产业模式需要乡企条件能够相互契合补充，同时需要健全监督机制，切实推动乡村生态环境的改善。

三是经济种植产业带动，此类产业模式需要乡村满足与城市临近且交通畅通的条件。在满足上述条件的基础上，乡村可以根据城市对种植产品的需求来转变优化农业种植结构，以发展城市日常需求产品为主，包括各种蔬菜瓜果等。这样一方面能够促进农民增收，壮大集体经济和完善种植产业链；另一方面能够供给城市需求，形成城乡共建的产业模式。然后用集体收益来为乡村生态宜居建设提供资金保障。[①] 此产业模式下，城市还可以优化种植产品需求，如生态绿色产品需求，以此推动乡村种植产业向绿色生态过渡和发展，连带提高乡村民众的生态意识。

四是农业旅游业融合带动，此类产业模式需要乡村具有特色山水林田湖草资源，本身就具备一定生态宜居特色，在此基础上，发展乡村的特色休闲农业，包括特色农业园、特色观光旅游等，连带开发对应的住宿和餐饮等旅游服务产业，最终为乡村生态宜居建设提供资金保障。此产业模式在加强城乡人员流动的同时，也能够通过城市居民对生态环境的需求，提升乡村民众的生态意识，从而外化于农业和服务业行为中。

五是多产业融合带动，此类产业模式是前一个产业模式的升级版，同样需要乡村具有特色资源，还需要乡村能够培养出农产品深加工产业，最终形成多产业的融合发展模式。通过先天生态环境优势和农业产品，发展旅游产业；通过旅游产业带来的生态理念，发展农产品深加工产业；最终通过三种产业的融合发展所带来的经济收益，为乡村生态宜居建设提供资金保障。

以上几种适宜推动乡村生态宜居建设的产业模式具体特征可参照图6-3。

---

① 孔祥智，卢洋啸. 建设生态宜居美丽乡村的五大模式及对策建议——来自5省20村调研的启示 [J]. 经济纵横，2019（1）：19-28.

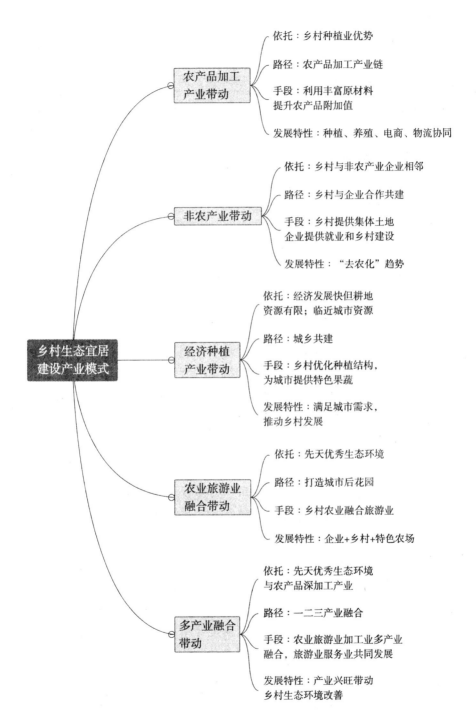

图6-3 乡村生态宜居建设产业模式

（二）乡村民众生态意识的培养

乡村民众生态意识的培养需要在乡村基层组织改善乡村的村容村貌、注重污染治理、完善生态宜居基础设施建设和运维基础上，参考上述各类产业模式来构建最适宜乡村特点和现状的生态宜居建设模式，以相应硬件的建设来引导乡村民众逐步培养出生态意识。之后则需要在此基础上对生态意识进行强化和普及。可以从以下两个方面入手。

首先，乡村的生态宜居建设需要通过一支懂农业、爱农村、爱农民的人才队伍来带领，通过人才的带领来推动乡村民众逐渐培养出生态环保的意识。这需要地方政府和乡镇根据本土的情况给予一定的政策支持，提供有效的市场环境来吸引人才返乡。

可以通过政策鼓励农业科研人员下乡解惑，并引导具有管理才能的人才下乡为农民提供生产经营的对应培训，从而为乡村农民的生产、创业、经营等过程中遇到的问题进行有效解惑答疑，从而逐步引导农民具备环保意识；通过对农民的引导和培训，培养具有专业素养的农民。要达到这样的效果，必须仰仗于乡村落实基础设施的完善和搭建，要充分考虑到返乡人才的实际需求，从而推动各种政策的落地，才能够令人真正扎根乡村、能够令农民真正受益，从而逐步打造乡村完全具备生态意识，最终实现乡村生态宜居的建设。

其次，需要在农民初步具备生态意识的基础上，提高对乡村各类生态资源环境的保护力度和开发力度，构建生态环境保护和乡村生态资源运用相协调的空间格局，实现乡村的绿水青山转化为金山银山。

这需要乡村基层引领乡村制定对应的环境整治目标，按环境整治目标逐步推行绿水青山的建设。比如，推进乡村生态环境污染者付费制度，有效遏制乡村生态环境的进一步恶化。政府需要加强对环境保护服务和生态修复服务，尤其需要提高相关基础设施的运维管理，通过引导乡村人才对设施进行维护和监管，提高服务的经济价值和规范性，提高基础设施的应用效能，从而实现乡村的绿水青山。

之后需要在乡村绿水青山的基础上，对本土的生态环境资源进行分析研究，充分挖掘本土生态环境资源的特点，包括地域特点、产业环境、产业基础、目标消费市场情况等。根据上述特点着重开发依托于生态环境的各类项目，以推动乡村绿水青山的内生产业快速发展，包括农事体验、农业科技、乡村特色文化、特色村镇、休闲观光、农家庭院项目等。[①] 还可以转换绿水青山的营销理念，提高依托生态环境的各种乡村产业的附加值，包括打造本土特产产地市场，推动产地变为产销地；发展特色村镇观光旅游，通过生态旅游观念的普及和推动来加强乡村农民的生态意识。

此过程需要乡村能够因地制宜，通过对乡村生态环境的精准分析来发展生态相关项目，通过对乡村生态环境的治理和改善，完成改造乡村人居环境、建构生态乡村的目标。在构建人与自然和谐共生、具备生态活力的生态宜居乡村的同时，改善乡村民众的收益和生活环境，最终提高乡村民众的幸福感。

二、乡村健康意识的构建

2021 年 5 月，习近平同志在全球健康峰会上发表了重要讲话，并提出了全球携手共建人类卫生健康共同体的倡议；2021 年 8 月，习近平同志在向新冠疫苗合作国际论坛的致辞上指出，中国会一直秉持人类卫生健康共同体理念。从全球视野来看，全人类的卫生与健康意识的构建已经形成了全球共识，这不仅关系到国家的建设和发展，更关系到整个人类的发展和未来。而乡村作为中国特色社会主义新时代的核心基础和关键，乡村民众卫生和健康意识的构建就成了中国健康发展的根基。

（一）实施健康中国战略与构建乡村健康意识的关系

健康中国战略是健康中国理念和目标的政策化表现，这是实现中国人民健康和经济协调发展的国家层面战略规划，更是实现中国"两个一百年"奋斗目标的核心之一。下面以实施健康中国战略的基本要求来简单分析其与构建乡村健康意识的关系。

1. 核心——健康优先

健康中国的核心理念就是健康优先，只有从发展理念、发展规划、公共

---

① 许源源，王琏.乡村振兴与健康乡村研究述评 [J].华南农业大学学报（社会科学版），2021（1）：105-117.

政策、财政投入、考核问责等各个层面普及健康优先的理念，才能够推动整个中国在飞速发展的过程中，协调和平衡人与自然生态环境的关系，构建出符合民众健康生活和发展的空间，从而推动民众身心健康的实现。

不论是经济的发展、社会的进步，还是国民的共同富裕、城乡一体化发展，根本核心都是民众的健康。民众只有拥有健康的身心，才能够团结一致向各种目标努力奋斗。健康优先的核心诉求需要政府承担起主体责任，改变卫生与健康行业是消耗性产业的认识，并将促进和提高民众健康与全面发展的目标作为政策出发点，完善保障民众健康优先发展的整个制度体系，这样才能推动全民逐步培养出健全的健康意识。

2019 年 12 月，第十三届全国人大常委会第十五次会议表决通过了《中华人民共和国基本医疗卫生与健康促进法》，并决定于 2020 年 6 月正式施行。从基本法层面开始推进全面建立"保基本、强基层、促健康"的理念，这为乡村健康意识的构建提供了核心支撑。

2. 根本目的——全民健康

全面建成小康社会的基础是全民健康，而全民健康作为实施健康中国战略的根本目的，首先要做到卫生和健康系统面向全人群，不仅要包括健康人群，还要将亚健康人群、患病人群、康复人群囊括在内，依托于惠及全民的角度来完善制度，推动全民健康的实现。全人群中和乡村相关的重点人群有多类，即妇女儿童群体、老年人群体、残疾人群体、低收入群体等，要实现全民健康，就需要特别关注此类弱势人群和高风险人群的健康问题，令全民能够提高健康意识。

其次要将人的健康作为整体，立足全方位的健康影响因素来推动全民健康，包括医疗卫生服务、生产生活环境、生活行为方式等。就乡村卫生与健康体系而言，应该以基层医疗卫生服务为核心，依托服务体系将健康的生活理念和行为理念、预防理念、生态理念等普及于民，实现健康干预和健康管理。在此过程中，需要注意医疗卫生服务体系的建构要因地制宜，形成多层次多元化共治的格局，以实现全面干预健康影响因素，推动乡村健康意识的培养和形成。

最后要将卫生和健康意识的构建，覆盖到民众的整个生命周期中。需要从两个层面进行完善：一是打造更加健全的卫生服务体系，将公共卫生机构、医疗机构、健康体检机构、健康康复机构等的建设纳入统一规划中，整合和实现集预防、治疗、康复、促进健康等各种服务于一体的健康服务体系。二是要有根据民众的不同生命周期来推广健康意识，比如，胎儿期和新生期需要关注的健康问题和影响健康的问题会极为精细；而老年人需要关注的健康问题和影响健康的问题也会和其他阶段有所不同，这都需要通过健全的卫生服务体系效能的发挥，实现民众全生命周期中健康意识的构建。

3. 实施路径——共建共享

健康中国的实现，需要依托于共建共享的模式，其中政府需要带头引导，并提升监督管理，强化基层部门的协作共进，将健康理念融入各个政策中，以牵头人的角度有效控制各种影响民众健康的因素；另外需要挖掘个体的积极性，毕竟个人才是健康身心的责任主体，只有推动个体对自身的健康负起责任，才能够最终实现共建共享，从而实现健康中国建设。[①]

在实施健康中国战略的过程中，乡村属于其中的核心，但同样也属于短板。因此共建共享也要普及到城乡一体化建设中，通过城乡协同发展来推动乡村民众关注健康和未来发展。

将健康理念融入各个政策是改善各个人群健康的基本方法，更是培养各群体构建健康意识的基础，这需要相关部门要秉承健康价值融入各级政策的理念，将民众健康、可持续发展当作标准，并建立健全的健康影响评估制度，在明确推进主体和明确评估对象的基础上，加快健康影响评估立法，从各政策推动全民培养和完善健康意识。

4. 抓手——健康乡村

实施健康中国战略的重要载体和重要抓手是健康城市和健康乡村的建设，因此要针对不同乡村的不同特性，针对民众的主要健康问题，在城乡规划和建设的过程中推行健康引领乡村发展的规划理念，促进城乡建设和民众健康的协调发展。在此过程中，需要注意制定各种健康企业、健康社区、健康学校、绿色生态等基础建设的规范，在提高各组织参与度的基础上，落实全民健康的各项政策，实现乡村民众健康意识的构建。

---

① 王秀峰. 健康中国战略的地位、作用与基本要求 [J]. 卫生经济研究，2019（4）：3-6.

（二）构建乡村健康意识的方式方法

构建乡村健康意识，需要从两个角度着手：第一个角度是构建完善的乡村健康服务管理体系；第二个角度是提高全民健身的意识，落实以人为本的健康产业的快速发展。

1. 乡村健康服务管理体系的建设

建设完善的乡村健康服务管理体系，需要从三个层面进行，分别是基础设施的健全、组织体系的健全和管理机制的健全。

首先要做到健全乡村健康服务基础设施，并在设施完善过程中树立大卫生大健康的理念，通过广泛开展健康教育活动，逐步推进民众养成良好的卫生习惯，形成科学文明且健康的生活方式，从而依托于行为习惯形成完善的健康意识。

其次要针对乡村民众的生产生活环境、医疗卫生服务、生活行为方式等，建立政府主导、协调社会、提升个体积极性和参与度的管理模式。比如，国家层面建设完善的权威性健康服务管理研究院，针对全国居民进行健康管理，可以分别设立城镇居民健康服务研究局和新型乡村健康服务研究局。乡村健康服务研究局要主导分析乡村民众的特性、习性、饮食习惯、生活水平、生产方式等，结合乡村特定的卫生环境情况和地理生态环境情况等，对乡村民众的健康问题进行理论和实践研究，实现统筹和引领的作用。

在乡村要建立健康服务管理所，依托于各种医疗卫生专业人士、健康管理专业人士、疾病服务专业人士来组建专业服务队伍，并起到关键的中转作用：向上承接乡村健康研究局，向下落实各种研究成果和实践推行。需要组织多样化活动来加强乡村健康意识的建立，包括开展健康讲座、妇幼保健普及、老人保健和定期体检理念、重点人群的健康跟踪和分析等，通过主动干预来加速乡村健康意识的形成，最终推动和落实预防为主、疾病不拖、积极诊断治疗的健康行为方式。

最后要提升乡村健康服务管理机制，以健全的制度来保障乡村民众的健康，推动乡村民众构建完善的健康意识。随着社会的快速发展，健康的内涵也在逐步发生变化，从以前"没有疾病"的单一内涵，转向了"生理健康、心理健康、道德健康、社会适应能力良好"的四维内涵。

　　乡村民众长期受到经济发展和文化发展的制约，民众的健康文化知识较为薄弱、健康管理理念也不强，尤其是随着乡村的快速发展，其生态环境也受到了一定的影响；另外，乡村已有的社区健康服务体系绝大多数是以治疗已有疾病服务为主，缺少极为必要的预防和避免疾病的服务和引导，而且乡村社区健康服务体系供需并不匹配，服务面较为狭窄，所以对乡村民众的健康发展影响极大。

　　在这样的背景下，需要将"以民为本"的理念融入乡村健康服务管理体系中，妥善发挥乡村基层带头人的引导作用，健全对应的健康服务管理队伍，针对乡村各自的特点和易出现的民众健康问题，进行恰当且科学的健康指导，以便推动乡村民众逐步形成健康意识，使其逐步改变生产生活等习惯，建立起预防为主、提早发现并积极治疗的健康理念，同时则是关注除身体之外的心理健康、道德健康、能力健康的建构。

　　2. 全民健身理念的构建

　　健康的体魄是实现健康中国战略的根本，从个体角度来看，健身才是增强体魄和保持健康生活的基础和保障，更是个体生活幸福的重要基础。只有通过全民范围内的健身，提高健身意识并科学健身，才能够逐步提高民众的身体素质。

　　构建全民健身的理念需要从四个层面着手。首先要加强政府的引导，要落实以民为本的体育发展理念，围绕民众健康建立完善的健身体系，包括营造良好的健身环境、健全乡村健康促进服务、普及科学健身的手段、完善健身产业和健身保障体系等，为乡村全民健身的实现提供基础保障。

　　其次要在乡村弘扬健康新理念，通过提高乡村民众体育健康意识来激发民众的健身热情，可以结合开展各种全民健身活动，来推动乡村民众健身意识的建立和完善。要让乡村民众认识到：体育健身并非简单的身体运动和身体锻炼，更是一种体育精神和健康精神的体现。通过普及体育健身知识、宣传健身效果等，来引导民众能够主动进行自我健康管理，并逐步形成科学文明的健身新理念。

　　再次要构建高水平的健身公共服务体系，乡村民众年龄构成、身体健康程度、文化水平等均是影响其健康状况的内在因素。为了满足多元化健身需求，政府在进行乡村规划和乡村建设过程中，应该充分考虑这些因素，依据配置均衡且安全合理的原则，将乡村空闲土地合理布局，建立健全的全民健身场地，并配备对应的设施设备。同时要完善社区体育服务体系，为乡村民众健身增加对应的指导员，推动乡村健身服务体系的科学化和现代化，全面提高乡村健身的效果。

最后要全面推进乡村的健身与医学融合发展，要通过"治未病"的意识来打造适合乡村特性的体医融合型健康服务和疾病管理模式，通过恰当引导推动乡村民众形成健康的生活方式，建立新型健康生活理念，从而构建科学的健康意识，切实提高民众的身心健康。

第三节　乡村卫生与健康体系管理机制

乡村卫生与健康体系的管理机制，整体可以从两个角度来进行细化：一是针对乡村生态环境的治理、改善和修复，通过对生态环境的治理来夯实美丽乡村的基石，从自然生态环境层面完善乡村的卫生与健康体系；二是针对各种与乡村民众卫生和健康息息相关的体系进行科学管理。

一、乡村自然生态环境的治理和改善

乡村自然生态环境的治理和改善需要从两个角度着手：一个角度是基于乡村振兴战略层面的大环境治理和改善；另一个角度则是基于乡村小环境层面进行的乡村绿化。

（一）乡村大环境治理与改善

根据乡村振兴战略规划的目标和要求，乡村进行大环境自然生态的治理和改善，主要是统筹乡村山水林田湖草系统的治理。这是乡村自然生态环境的核心支撑体系，也是构建美丽乡村乃至美丽中国的核心基础，更是实现乡村经济振兴的重要依托。

1. 指导方针：绿水青山就是金山银山

2005 年习近平同志就曾在考察过程中提出"绿水青山就是金山银山"的发展理念。这一理念直观地解决了经济发展和环境保护兼顾的矛盾问题，为中国未来经济的发展和生态环境的保护提供了指导方针。

绿水和青山，是整个自然生态环境的核心承载体，依托于"山"存在的森林、农田、草原、河流、湖泊等资源，都是生态环境中不可或缺的元素，其不仅相互影响，而且会反作用于生态系统。"统筹山水林田湖草系统治理"的发展理念，就是将生态环境的治理和改善重点回归源头，通过对整个山水生态系统的治理，来解决整体自然生态环境不断恶化的问题，以推动绿色可持续发展目标的实现。

2. 统筹乡村山水林田湖草系统治理

（1）山地资源的管理。山地资源是自然生态环境系统中的核心根基，当山地植被的覆盖率出现大幅度下降后，就很容易出现土地沙化的加剧和土壤荒漠化的问题，也更容易出现沙尘暴、山体滑坡、山泥倾泻等影响民众生命财产安全的自然灾害。山地植被的覆盖率持续降低，不仅会对自然生态环境系统的平衡产生巨大影响，还会影响依托于陆地生活生存的人类。如土壤荒漠化、土地沙化、沙尘暴等都会对当地生态造成严重影响，从而使得依托于此生活的民众不得不背离家乡去他处寻找生机。

山地资源的管理，重点在于提高山地植被的覆盖率，通过对山地资源进行科学配置和维系，不断提高山地的植被覆盖率，能够实现保养水土、涵养水源、减少自然灾害等。针对山地资源管理的政策早在 1999 年就已经开始展开试点，即"退耕还林"的政策措施，其内容主要有两个方向，一个是坡耕地的退耕还林，将山坡、土坡的耕地重新改造为适宜的林草植被，另一个是宜林荒山荒地造林，将适宜林草植被发展的荒山和荒地进行改造，提高植被覆盖率。经过多年的退耕还林政策措施的实施，中国山地的水土流失和风沙危害已经得到了大幅度改善，为整个中国生态环境的建设打下了坚实的基础。

（2）水资源的管理。水是生命之源，更是生态环境系统的另一个重要根基，水资源的质量保护和水污染的治理是水资源管理的两个重要措施。随着中国经济的快速发展以及工业化城镇化的加速推进，难免对水资源造成了很大的影响和破坏。

如今与民众生活生产息息相关的中国七大水系，包括长江水系、黄河水系、珠江水系、淮河水系、辽河水系、海河水系、松花江水系，均受到不同程度的污染。因此对水资源的管理重点就是保护各个重要水系的水资源质量，在此基础上对水资源的污染进行治理，从源头降低污染物排放，并通过对山地资源的管理实现对水资源的涵养，令山水真正成为绿水青山。

（3）森林资源的管理。森林资源主要体现为森林覆盖率方面，森林覆盖率的提升对自然生态系统的恢复和协调具有关键作用。中国国土面积虽然极为广阔，但总体缺林少绿，这也造成中国生态资源的总量有所不足，且整个生态系统较为脆弱。

对森林资源的科学管理，不仅影响着整个中国的自然生态系统，也影响着民众对美好生活的需求，更与社会经济可持续发展息息相关。自改革开放以来，国家一直极为重视森林资源的管理。在四十多年的时间跨度中，中国森林资源一直在不断增加，森林覆盖率一直在稳步提高。

比如，2004 年到 2008 年第七次全国森林资源清查数据显示，全国森林覆盖率 20.36%，森林面积为 1.95 亿公顷；2009 年到 2013 年第八次全国森林资源清查数据显示，全国森林覆盖率 21.63%，森林面积为 2.08 亿公顷；2014 年到 2018 年第九次全国森林资源清查数据显示，全国森林覆盖率 22.96%，森林面积为 2.2 亿公顷。

从每五年一次的森林资源清查数据中能够明显看到中国森林覆盖率和森林面积的提高。与此同时，森林蓄积量也在稳步增加，即增加森林种植面积的同时，森林的木材储备量也在快速提高，这说明森林的结构分布和空间分布均比较科学化。

森林资源量在提高的同时，对整个中国的自然生态环境的影响也极大，如《中国森林资源报告（2014—2018）》中的数据表明，2018 年全国森林年涵养水资源量达到了 6289.5 亿立方米、年固土量达到了 87.48 亿吨、年保肥量达到了 4.62 亿吨、年吸收大气污染物量达 4000 万吨、年滞尘量达 61.58 亿吨、年释放氧气量达 10.29 亿吨、年固碳量达到 4.34 亿吨。[①]

---

① 国家林业和草原局. 中国森林资源报告（2014-2018）[R]. 北京：国家林业和草原局，2018.

虽然中国森林资源的管理在近几十年间获得了巨大的成就，但从全球角度来看，根据联合国粮农组织最新发布的《2020年全球森林资源评估报告》，全球的森林覆盖率平均值为31%，中国的森林覆盖率依旧低于世界平均水平。

基于此，2021年3月十三届全国人民代表大会四次会议表决通过了关于国民经济和社会发展第十四个五年规划和2035年远景目标纲要的决议，并随机发布了《中华人民共和国国民经济和社会发展第十四个五年规划和2035年远景目标纲要》，其中明确提出要在"十四五"期间将中国森林覆盖率提高到24.1%，即在2025年森林覆盖面积要达到2.32亿公顷。

（4）农田资源的管理。农田资源不仅是全国最基础的农业生产资源，是乡村振兴发展的基础载体，更是保障全国粮食安全和产量的根基。基于农田资源的重要性，乡村振兴战略中明确提出了坚持耕地红线不动摇、保证耕地面积不减少、保证生产质量不下降的总体要求。

而随着乡村经济的快速发展和乡村现代化、城镇化的快速推进，乡村农田资源的质量出现了明显的下降，主要问题集中在土地肥力较低、土地有机质水平较低、土壤板结严重等，这主要是由农田不合理使用造成的。

基于农田资源的现状，需要积极对农田的生态系统进行保护和治理，以满足民众对绿色生态农产品日益提高的要求。需针对乡村农田资源污染进行治理，具体手段包括优化化肥施用量和施用结构、优化农药施用结构、充分利用畜禽养殖粪便等，尤其是在充分利用畜禽养殖粪便方面，要建立科学的粪肥腐熟体系。这样既能够减少其对水资源的污染，降低治理污染的资金投入，又能够通过粪肥制造实现农田增收增产。

（5）湖泊资源的管理。湖泊是乡村自然生态系统中极为重要的水资源，具有调节气候、保持水土、充实地下水和减轻干旱灾害的巨大作用。随着乡村经济的快速发展，工业化和城镇化的推进对湖泊的水质产生了巨大影响，如湖泊蓄水的容积大量减少、泄洪调蓄能力下降、湖泊水质富营养化等，这需要在综合水资源管理的基础上，进行科学的治理和改善。

（6）草地资源的管理。草地资源是极为重要的绿色生态系统，更是牧区乡村民众极为重要的生产和生活资源。如今中国草原畜牧业的发展模式还较为传统，不仅经济效益不高，生态效益也不高。这主要是由于草地资源的利用方式、承载力、管理水平等均有所不足造成的。

3.乡村人居环境突出问题治理

改善乡村人居环境是建设美丽宜居乡村的一项重要任务，这是与乡村民众生产生活息息相关的内容，事关广大农民的福祉。长久以来，乡村人居环境最为突出的问题主要有两方面：一个是农村厕所；另一个是生活污染，包括生活垃圾和生活污水等。

农村厕所很长时间以来都是极为传统也极为简陋的状态，正是这种简陋的厕所对乡村人居环境造成的污染，改善乡村人居环境，对乡村厕所实行改造势在必行。2014年，对乡村厕所进行改造被提出，并成为新农村建设中的一项重要工作；2015年，"厕所革命"开始向广大乡村推广。经过数年的乡村厕所改造，乡村人居环境得到了良好的改观。

另外，乡村生活污染同样是乡村人居环境较为突出的问题，尤其是随着乡村经济的快速发展，乡村民众的生活水平得到了极大提高，所产生的生活垃圾量也开始大幅增加。但因为乡村生活垃圾处理水平和处理率均低于城市，也就造成乡村的生活垃圾无法得到有效处理从而污染乡村的人居环境。乡村民众所产生的生活污水未得到妥善处理。

基于这些状况，2021年2月中共中央、国务院发布了《关于全面推进乡村振兴加快农业农村现代化的意见》，其中明确指出要实施乡村人居环境整治和提升的五年行动，针对乡村人居环境进行大力整治和改善，包括继续有序推进厕所革命行动，将该利民行动向干旱地区、寒冷地区延伸；并统筹改善乡村的厕所革命、污水治理、黑臭水治理和生活垃圾处理，指出要因地制宜根据乡村具体现状稳步推进，旨在健全乡村的生活污水和生活垃圾处置体系，以实现源头减量、分类，资源处理并回收利用等。

（二）乡村小环境绿化管理

乡村自然生态环境的治理和改善，需要在乡村大环境进行治理和改善的基础上，对乡村小环境进行科学合理的绿化管理。随着乡村振兴战略规划的实施和建设生态宜居乡村目标的树立，各地乡村都在积极响应战略目标和实施策略进行乡村绿化建设。不同的乡村推出了不同的造林绿化工程项目，包括速生丰产林建设、绿色通道建设、高标准农田林网建设、丘陵岗地植被恢复建设等，使乡村绿化率得到了显著提高和变化。

1. 乡村小环境绿化工程情况

乡村小环境的绿化工程和项目发展得如火如荼，有效提高了乡村本土的绿化情况和生态环境，但乡村绿化依旧存在一些问题，主要体现在以下几个层面。首先，不同乡村的绿化建设发展并不均衡，尤其是受到自然气候和条件的影响，乡村绿化水平并不持平；其次，乡村绿化质量普遍不高，树种较为单一，无法达到绿化和美化乡村的效果，甚至可能因为品种较单一造成病虫害的蔓延；最后，有些乡村在绿化建设过程中并未考虑树种的搭配和科学布局，从而无法体现出绿化植物的季节性变化，使得绿色景观无法形成景观体系。

2. 乡村小环境的科学绿化

要推动乡村绿化建设的科学实施，就需要对乡村绿化进行科学规划，在保证充分利用乡村闲置土地资源的基础上，满足乡村长期规划和民众娱乐需求，因地制宜来实现合理搭配。为了推动乡村绿化的科学发展，2021年6月国务院办公厅印发了《关于科学绿化的指导意见》，其中提出了对应的乡村绿化原则和乡村绿化手段。

（1）乡村绿化原则。乡村绿化需要秉承以下四个原则：一是坚持人工恢复与自然恢复结合的绿化模式，要优先对已有绿化进行保护，以自然恢复为主，遵循自然生态系统的内在发展规律，提高生态系统的修复能力和稳定发展力；二是坚持规划引领和顶层谋划，对乡村绿化空间进行合理布局，如以环衬林带和街道绿化、庭院绿化为主，在此基础上规划和建设乡村绿化公园等休闲场所，以推动乡村绿化档次的提升；三是坚持因地制宜的原则，要根据乡村自身的特性，包括地形地貌、气候特性、人文景观特征、民众期望、乡村未来规划等，选择适宜乡村生长和美化的多样化绿地布局，还需要充分考虑乡村水资源的承载力，构建完善的健康绿化生态系统；四是要量力而行、节约优先，必须要充分考虑绿化工程的经济可行性和生态合理性，尽量选择适宜乡土发展的绿化植被。

（2）乡村绿化手段。乡村绿化手段主要包括以下几项内容。一是加强乡村绿化的规划统筹能力，实现多规合一，在避免耕地非农化和防止耕地非粮化的基础上，进行合规合理合法的绿化规划布局。乡村基层要在绿化项目主管部门的引导和科学指引下，规范地开展绿化设计、布局、施工。二是要合理安排绿化用地，要在规划过程中充分考虑乡村土地的利用结构和适宜性，以退化林地草花、荒废山体绿化、宜林荒山荒地林化为主；可通过土地综合整治将闲置土地充分利用，并结合农田建设来完善农田防护林。三是乡村绿化规划和布局中要充分考虑水资源情况，尤其是水资源较少的干旱半干旱地区，要以节水和雨养为导向，推广乔灌草结合的绿化模式。四是需要科学选择绿化的树种草种，尽量采用乡土的树种和草种，不同乡村地理和气候特征则需要选择不同的绿化种系搭配。如水土流失严重的区域要以固土保水力强的根系发达性树种草种为主；江河湖泊区域则以固土能力强、抗逆性强的树种草种为主；海岸区域则以耐盐碱抗风强且耐水的深根性树种为主。五是继续开展退耕还林还草政策，切实巩固好退耕还林还草的成果。此过程中要充分考虑民众的意愿，同时兼顾退耕还林还草的经济效益和生态价值，确保推动乡村绿化的同时提高乡村民众的经济收益。

二、健全乡村居民健康服务管理机制

乡村的自然生态环境治理和改善是为了建立更加适宜民众生活的乡村环境；在建设外在环境的同时，还需要健全乡村居民健康服务体系，以提高乡村民众的身心健康，从民众自身着手来建设生态宜居的乡村。

（一）乡村基层健康服务组织体系

健全乡村居民健康服务管理机制，首先需要完善乡村基层健康服务组织体系，应该在乡村健康服务管理所的引领下，建设乡村社区公共服务管理站，由对应的乡村专业健康指导、村卫生室、基层村干部、村委会为主要成员，积极开展乡村健康宣传和健康咨询服务，通过乡村民众喜闻乐见的形式进行健康教育，引导乡村民众关注自身健康情况，逐步养成健康的生活行为习惯和卫生习惯，同时能够推动民众关注乡村生态环境的改善和维护，加快乡村生态环境的治理和建设。

对应社区公共服务管理站之下应该根据乡村社区居民数量和地理分布，建立保健室、体检室、健康咨询室等，并结合信息化数据系统的完善，广泛建立对应的健康书籍阅览室、健康活动室、健康测量和档案室等，以完全落地的形式为民众提供健康咨询。

（二）乡村基层健康服务队伍管理机制

乡村基层健康服务体系最薄弱的一环就是服务管理队伍人员不足、质量不高、标准不够。针对这样的现状，应该针对性地进行服务队伍管理机制的完善。

首先，要完善服务队伍的建立机制，通常乡村健康服务人员是民间医生或村诊所医生，其中专业健康服务人才较为缺乏，因此要匹配对应的人才吸引政策和措施，通过大学生人才培养和供给、外来人才引进等手段，通过人才服务一体化方式，提高补贴和待遇，建立一批乡村专职健康服务队伍，以便为乡村基层健康服务体系的建设提供人才基础。

其次，要通过培训、督导等机制提升乡村基层健康服务工作者的专业水平、服务规范水平和道德修养水平。就培训机制而言，可以通过网络化信息化建设，为乡村基层健康服务工作者提供多样化的医学在线教育和培训；可以构建对应的教育云平台，推动工作者开展乡村疾病探讨交流，通过交流和借鉴提高专业水平；可以结合乡村民众的健康情况，推动权威医疗机构或专业队伍为基层服务工作者进行培训；可定期开设课程班、研讨班、培训班等，通过多样化的教育模式来推动基层服务工作者的专业水平和临床水平。[①]就督导机制而言，要通过建立基层健康服务工作细则和管理条例，来清晰划分权责，并建立对应的奖惩机制，确保乡村基层健康服务队伍的伦理道德水平；乡镇和县市的对应机构可以建立督察队伍，运用公开化信息平台来提高信息收集效率，及时发现问题并解决问题，从而维系乡村基层健康服务队伍的专业化。

最后，要建立契合乡村发展的健康服务人员资格认证和审查机制，比如，需要建立乡村健康咨询者标准和健康服务者标准，形成对工作者的资格审查和职能认证，同时可建立国家统一的医学数字身份和电子实名认证系统，增加数据反馈和问题收集平台，形成长效的资格认证和审查机制。其中审查机制可以和督导体系相结合，形成多面化监督反馈体系，实现对乡村基层健康服务队伍的统一化管理和监督。

---

① 张健明，李美兰.保障农民安康 助推乡村振兴——基于农村社区健康服务管理机制思考[J].上海农村经济，2020（2）：33-36.

（三）乡村基层健康服务业务运行管理机制

乡村基层健康服务的业务运行主要包括健康服务理论研究、健康服务目标、健康服务内容、服务实施路径、健康评估等内容。不同地区和不同发展情况的乡村，具有不同的民俗风情和不同的饮食行为习惯，也具有不同的生活环境特点。因此首先需要进行健康服务的理论研究，要针对以上特征来规划整理对应的服务理论，包括服务流程、服务效能、医疗供给、服务需求匹配等，以使健康服务业务能够契合民众需求。

需要在健康服务理论研究的基础上，确立业务目标和健康服务定位。要秉承服务于民、以民为本的原则，根据乡村民众的健康特征和需求特征，完善健康服务业务的具体内容，并在整个过程中遵循创新理念，开发各种乡村民众易于接受并乐于接受的活动，全面提高乡村民众的身心健康。

不同乡村可以根据本土实际情况，开设各种健康行为干预活动、健康促进活动、健康心理干预活动、健康测量和咨询活动、民众慢病管理网站、健康服务热线等，通过乡村基层健康服务机构推动乡村居民电子健康档案的普及和使用。尤其需要针对乡村老年人较多的状况，加强老年人糖尿病、高血压等常见慢性病的在线服务。

对于接受度较高的乡村民众，可以充分借助互联网的优势，建立网络健康科普平台，为民众提供健康科普知识的教育，从而推动民众形成健康的生活行为习惯，并推行一站式健康服务，从预防疾病和发现疾病出发，提高乡村民众自我健康管理的能力，充分挖掘乡村民众的健康评估能力；在提高民众的健康素养的同时减少民众健康问题和疾病的发生率，实现治未病的普及。

在完善乡村基层健康服务业务运行体系的基础上，还需要建立全面的健康服务效果评价机制，以实现健康服务体系的闭环运行。其主要依靠各级健康服务管理部门定期对基层健康服务工作的评估和指导，具体的评估内容包括基础设施的建设和运用、健康宣传活动和健康课程的开展、民众健康水平的改变效果等。通过对各项评估内容的考察，来制定更加科学的乡村民众健康教育的内容，保证乡村民众健康服务业务的科学性、运行的规范性和服务的有效性，以推动乡村民众身心健康的全面提升。

第七章　关键·乡村教育体系建设与管理

乡村振兴的现代治理体系的持久发展和建设，需要依托不断涌现的专业人才予以支撑，这是乡村振兴的现代治理体系建设的关键所在。要培养对应的专业人才，就需要强化乡村教育体系的建设与管理。

第一节　人才支撑与乡村振兴的关系

2018年，中共中央、国务院印发了《中共中央 国务院关于实施乡村振兴战略的意见》（简称《意见》），其中明确提出乡村的振兴是国家振兴的核心基础，"三农"问题是关系国计民生的根本性问题，只有助推乡村振兴，实现农业农村现代化，才能够推动国家现代化目标的实现。

乡村振兴战略的实施和推进，迫切需要各种人才的带头、引领和支撑。不过，城镇化进程的不断加速，使得越来越多的乡村劳动力涌入城市之中，这虽然为城市的发展提供了极大的支撑，但也造成乡村基层组织后备力量不足、适龄人才大量外流、乡村民众老龄化和低素质化严重。这就迫切地需要通过各种手段破解乡村人才的瓶颈制约，以为乡村振兴战略的实施和乡村的发展提供人才的支撑。

一、乡村人才振兴遭遇的困境

乡村振兴实现的根本在于政策的支持，出路在于制度的创新，而关键则在于人才的支撑。人才是各个行业和产业发展的基础，随着乡村农业农村现代化进程不断推进，乡村发展对人才的需求越来越多、对人才的要求也越来越高，只有通过汇集各种专业化人才，才能够完成乡村振兴的人才支撑，从而快速推动乡村振兴的实现。如今乡村人才支撑方面遭遇了一些困境，只有针对其进行解决，才能够推进乡村人才振兴。

（一）乡村人才流失严重

随着乡村农业农村现代化、机械化水平的提高，乡村农业产业和养殖产业解放了大量的乡村劳动力，尤其是其中的青壮年为了能够获得更加丰厚的劳动收益，开始选择向城市进军，进入城市去发展，留在乡村的则多数是老年人和青壮年的妻儿。

留在乡村的这一群体最主要的特征是年龄过大或年龄过小，且学历普遍偏低，知识储量普遍不足，因此从事一些较为常规的农耕事宜还可以胜任，但接受新型职业农民培训、接受新知识教育的能力较弱，所以很难发展为乡村亟须的引领性人才，无法真正支撑起乡村的发展和乡村振兴的实现。[①]

另外，乡村的基础公共服务设施相对比较滞后，这也造成乡村的发展机遇普遍较少，从而无法吸引足够多的高端人才和专业人才入驻，从而无法形成良性发展的乡村创业创新氛围。

（二）乡村基层组织后备人才匮乏

乡村人才严重流失也影响到了乡村基层组织的建设和发展，多数乡村青壮年会选择发展机遇更好、发展空间更广的城市，这就造成乡村基层组织的后备人才极为匮乏，很多具备极强发展潜力的基层组织领导干部会选择走出乡村区发展。

同时，乡村基层组织的人才结构有很大欠缺，主要体现在乡村基层组织的带头人文化素质普遍不高、年龄偏大、思想保守，从而缺少了创新和开拓的激情和热情；虽然在对应政策的推动下，很多具备极大潜力的大学生村官进入了乡村基层组织，但因为社会阅历浅且工作经验少，所以在带领队伍的过程中困难重重，而且多数大学生村官会将乡村基层的经历作为一种过渡，并未打算长久扎根于乡村。

---

① 何春燕. 乡村振兴战略背景下推进乡村人才队伍建设问题研究 [J]. 新农业，2020（17）：87-88.

另外，很多留在乡村基层组织的中老年带头人虽然经验极为丰富，但其学习能力、接受新鲜思维的能力、开拓进取精神等均有所欠缺，且通常这些带头人的经验并不太适合大学生村官或青壮年村官，所以很容易造成乡村基层组织体系缺乏活力和拼劲儿，无法很好地引领乡村快速发展。

二、强化乡村振兴人才的支撑

乡村振兴战略的实施，关键在于乡村人才的振兴，因此要实现乡村振兴就需要强化乡村人才的振兴和支撑。总体而言，乡村发展面临的人才困境主要是新型职业农业人才严重不足、农村专业人才队伍缺失、农村科技人才数量过少、社会各界投入人才积极度较低等。针对这些情况，《意见》明确指出要将乡村的人力资本开发放在首要位置，并通过有效措施和手段畅通人才下乡的通道，通过培养更多乡土人才来推进乡村振兴的实现。具体可以从以下几个角度着手。

（一）乡村人才振兴坚守的原则

乡村人才振兴需要多管齐下，多种措施并举，这就需要明确人才振兴过程中要坚守的原则。

首先，要始终将乡村人才振兴作为推动乡村工作和乡村规划的出发点，要将乡村人才培养和吸引人才的具体工作列入议事日程，在推行各项工作的过程中要将是否有助于乡村人才振兴作为重要考量和标准；同时要将工作评价与是否助于乡村人才发展进行挂钩，推动乡村基层组织各项工作能够始终坚持人才引领发展的目标，从而全方位推动乡村的人才振兴。

其次，在推行乡村人才振兴的过程中，要着重开发和挖掘两类资源：一类是本土人才的培养，即加强本土人才培育力度，可以通过拓展培养渠道、创新培养方式、完善培养机制、精准强化方向等手段，推动本土人才在理念、意识、知识、技能等各方面的提升。同时，要适当引导本土人才就近就业和创业，最终激发出乡村人才振兴的内生动力。[①]另一类是各类人才下乡，要吸引外来人才下乡需要为其提供优质的保障，包括制度供给完善、公共服

---

① 于国龙.激活乡土人才 赋能乡村振兴 [J].新长征，2021（11）：37.

务匹配、资金投入足够、配置要素全面等，同时大力拓展和挖掘乡村本土产业的创新发展，为人才提供更多的发展空间和更多发展机会。通过两类资源的开发和挖掘，匹配对应的各类保障，推动人才能够留在乡村。

最后，一定要重视新型职业农民队伍的培养和建设。乡村现代农业是乡村振兴的核心根基，也是国家振兴和发展的重要粮仓；而新型职业农民队伍则是现代农业的骨干，因此必须重视该人才队伍的培养和建设，以实现乡村的可持续发展。这需要在健全职业农民制度的基础上，优化新型职业农民的培育结构，要先从政策支持、社会保障、教育培养、队伍建设各层面完善新型职业农民队伍的建设制度，之后坚持以农业产业为核心，形成以产业为基础的多元教育培训体系，包括服务、业务、运营等各方面内容。

（二）乡村人才振兴的路径分析

乡村人才振兴需要从以下几个角度进行实现，在选择人才振兴路径时还需要充分考虑乡村自身的发展情况，有针对性地进行调整和完善。

1. 优化人才引进倾向性政策

乡村人才振兴的核心在于本土人才的培养，但相对而言人才的培养需要花费的精力和时间都较多。为了满足乡村振兴的人才需求，就需要前期加强人才引进，通过引进人才来引领乡村振兴所需人才架构的完善。

乡村人才引进首先要在硬件方面完善乡村人才发展空间，包括公共基础设施的健全、薪资待遇的提升、发展机遇的挖掘和空间的拓宽等，如加强网络、通讯、交通、医疗保障等公共基础设施的建设，缩小城乡之间的硬件差距；如挖掘乡村各种产业的发展潜力，完善人才激励机制，通过提高人才薪资待遇、各类福利来吸引人才。

另外一个导致人才无法顺畅留在乡村的原因，是部分进入乡村的人才，并未将振兴乡村作为发展目标，而是谋求乡村的工作经历，以满足自身工作履历的丰富，从而形成跳板来向更广阔的城市发展。解决此类问题，需要让人才充分认识到乡村之中的广阔前景，最基础的方法就是优化人才引进的倾向性政策。

比如，通过增加创业津贴、提供无息贷款等方式，来解决乡村人才创业资金的问题，还可以在住房、教育和医疗方面加强政策倾斜。比如，定期聘请各方面专家进入乡村传授知识，以便人才进修学习，提高自身知识底蕴。比如，充分优化乡村发展规划，根据各方面的需求引进多样化人才，为乡村积累人才资源，推动乡村全面发展和提升。

2. 乡村基层组织发挥带头人作用

乡村人才振兴需要充分发挥基层组织带头人的作用，首先需要针对乡村基层组织人才缺失的问题，通过多种渠道选贤选才，在乡村基层组织换届选举时要落实公开透明的选举措施，选出乡村民众真正拥护的带头人。其次，要从乡村政策角度给予大学生村官更多的乡村归属感，为其提供更广阔的发展空间。不过，虽然大学生村官文化素质相对较高，且接受新思想和新理论的能力较强，但相对而言对乡村本土的了解和工作经验都有所不足，因此乡村基层组织要充分发挥老干部的智囊团作用，让新老共同合作，协同推动乡村振兴战略的实施。最后，要提高基层组织的人才培养意识，并通过政策标准和考核等推动基层落实人才培养，一方面不断提高乡村基层组织带头人的综合素质；另一方面通过健全人才培养机制，推动乡村人才振兴的实现，最终实现乡村人才的可持续发展。

3. 加强乡村振兴战略的宣传教育

乡村本土人才是支撑乡村振兴发展的核心基础，要挖掘乡村本土人才，就需要加强乡村振兴战略的宣传教育，借助互联网等多媒体手段，结合原有传播媒介，促进乡村民众能够全方位、多角度地认识和理解乡村振兴战略的核心内容，从思想层面使乡村民众对落实乡村振兴战略有所准备。同时，要让乡村民众充分认识到乡村振兴战略最大的受益者就是自身，之后充分发挥出乡村民众的主体作用和主动意识，通过建立健全乡村人才教育培训体系，推广和开拓发展前景广阔的各种乡村产业项目，以推动本土人才的孵化和培养。[①] 最终将乡村本土人才打造为乡村振兴战略实施的主力军。

4. 营造适宜人才发展的乡村环境

乡村人才流失的主要原因是城乡发展不均衡不充分造成的，因此想要实现乡村人才振兴，就必须营造出适宜人才发展的乡村环境。一方面需要通过

---

① 高小民. 乡村振兴战略背景下的乡村人才队伍建设 [J]. 商业文化，2021（30）：122-123.

提高乡村基础设施水平，逐步改善乡村的生产生活环境；同时通过开拓一、二、三产业的融合发展，创造良好的发展空间和创业机遇，为人才的回流提供硬件支撑。另一方面，要通过职业教育的发展推进城乡一体化的建设，可以结合精准教育要求，为乡村民众创造就业创业的环境，逐步培养符合乡村现代化建设要求的新型职业农民；要立足于乡村现代化建设的要求，开展乡村大众教育，推动乡村民众逐步向职业农民过渡，通过新兴技术、新兴设备的普及教育，促进乡村本土人才库的完善；另外需要加强对乡村对义务教育的重视，从基础教育阶段灌输回乡创业就业的先进思想，形成上中下贯穿的乡村人才振兴教育模式，助推乡村振兴的实现。

第二节　加强乡村专业人才队伍建设

乡村振兴战略的实施需要乡村人才振兴给予支撑，而乡村人才的振兴则需要通过加强乡村多角度专业人才队伍的建设，主要包括三个层面的人才：一是基于乡村本土的新型职业人才，包括新型职业农民、农业职业经理人、乡村工匠、乡村非遗传承人才、乡村文化能人等；二是基于农业农村现代化建设的农业科技人才；三是吸引社会各界人才回归和反哺乡村建设，以推动乡村振兴的实现。

一、乡土新型职业人才队伍的建设

乡村本土的新型职业人才是支撑乡村振兴发展的核心基础，其包括的人才层次多样，主要有新型职业农民、农业职业经理人、乡村工匠、乡村非遗传承人才和乡村文化能人。其中新型职业农民是乡村人才振兴的根基，更是支撑农业农村现代化发展、乡村工业化和城镇化发展的基础人才。

新型职业农民一词最早出现于 2012 年的中央一号文件中，之后 2013 年中华人民共和国农业农村部对新型职业农民进行了定义，指的是以农业为职业且具有一定专业技能，同时收入主要来自农业的从业者。主要包括三种类型：生产经营型职业农民是以农业为职业且占有一定资源、具备一定专业技能和一定的资金投入能力、收入主要来自农业的从业者，包括家庭农场主、农业大户、农民合作社带头人等；专业技能型职业农民是以上述经营主体为依托，具有一定专业技能的农业从业者，包括农业雇员和农业工人等；社会服务型职业农民是以农业产前、产中和产后服务，并以此为主要收入来源且具有一定服务能力的农业社会化服务人员，包括农村经纪人、农机服务人员、农村信息员、动物防疫员等。①

自新型职业农民的概念提出后，加强对新型职业农民的培训教育就逐渐被提上日程，且在 2016 年的中央一号文件中，加强培育新型职业农民成为国家人才培养战略的重要一环。根据职业农民的不同类型，新型职业农民的培育主要有以下两类。

（一）生产经营型职业农民队伍的建设

生产经营型职业农民是乡村振兴的核心基础，经过数年的摸索和试点工作，已经形成两类较为完善的培育模式。

1. 政府主导的培育模式

政府主导的培育模式，即通过政府牵头，并负责统筹新型职业农民的培育工作，根据对培育对象的分析，依据不同的文化层次和培育需求，分别培育三种类型的职业农民。在此过程中，应以政府为主导，并充分发挥其协调各部门的作用，共同发布各种培育新型职业农民的扶持政策，创造有利于人才建设的政策环境。此类模式是最初期的培育方式，是引导新型职业农民培养体系建立的根本模式。

2. 多方联动的培育模式

多方联动涉及多个部门的协同合作，根据不同的参与部门和主导方式可以分为三种培育模式。

一是以产业为主导的培育模式，即根据乡村产业特性，通过政府指导来开展契合乡村产业需求和发展的职业农民培育，包括产业教育培训和科技指导培训等，其比较具有针对性，对乡村主体产业的支撑作用极强。同时政府

---

① 中华人民共和国农业农村部. 关于新型职业农民培育试点工作的指导意见 [R]. 北京：中华人民共和国农业农村部，2013.

还可以根据乡村产业优势，面对农业院校的学生进行定向招生和专项培训，从而推动产业和职业农民的融合。

二是以实践为主导的培育模式，即乡村之中的农业龙头企业为职业农民的培育提供实践和操作的场所，以最终能够完成实践操作为目的的一种培育模式。通常情况下，此类培育模式涉及多方部门，需要政府为职业农民的培育提供政策引导并给予资金扶持，起到培育保障作用；需要农业院校为职业农民提供专项的课程传授和训练，拓展职业农民的思维从而提高创新能力和实践能力；还需要农业龙头企业为职业农民提供对应参加实践和操作演练的设备、场所、机会等，为职业农民提供产品研发、生产操作、销售推广等多方位的锻炼空间。

三是以新型农业经营主体为主导的培育模式，即以培养职业农业大户等新型农业经营主体的经营者为主，通过经营者的培育来连带推动新型职业农民队伍的建设。比如，完成培育的经营者可以根据乡村本土产业特征和经营特征，对职业农民进行技术示范指导，形成经营者既是学习者又是培育者的连带培育模式。在此过程中，政府可以牵头，联合多方力量打造职业农民服务平台，以便为职业农民提供成长服务，有效形成完善的人才培育体系。

（二）非生产经营型职业农民队伍的建设

非生产经营型职业农民主要包括农村职业经理人和经纪人、乡村工匠人才、非遗传承人才等。这是支撑乡村特色发展的关键性人才，也是贯穿乡村生产各个阶段乃至各个发展阶段的支撑性人才。其中，农村职业经理人和经纪人、乡村工匠人才均属于社会服务类型的职业农民，能够为乡村农业生产的各个阶段提供对应的服务；非遗传承人才和乡村文化能力则属于生产经营型职业农民，是以农业为职业，但具备一定其他专业技能的综合人才。非生产经营型职业农民的培养和人才队伍建设需要从两个角度着手：一是建立健全对应的教育培训制度；二是采用对应措施推动人才队伍的管理和发展。

1.建立健全教育培训制度

建立健全对应的教育培训制度可以从乡村人才特性着手，根据不同人群进行分类教育培训，以达到完善乡村人才队伍体系架构的目标。可以从三个方向完善教育培训制度。

首先，为正在乡村务农的人才提供免费的教育培训，如实施中等职业教育免学费制度，并对人才的误工进行补助，采取弹性教育培训模式，鼓励务农人才能够不断强化自身，提高知识储量，逐步发展为具备专业能力的新型职业农民。与此同时，为未参加中等职业教育培训的务农骨干进行分产业全周期的系统培训，将与现代农业生产和发展相关的技能、科技、经营模式等知识有针对性地给予务农骨干，助其发展成为适宜农业农村现代化发展的新型职业农民。

其次，为相应乡村人才需求号召的返乡农民工、乡村退伍军人等提供免费的教育培训，尤其是对于渴望进行乡村创业的潜在人才，可以进行全程免费培训，并结合过程中的对应指导，提高人才的职业技能和经营能力，发挥出人才的潜力，搭建更加完善的乡村人才体系。

最后，为乡村之中已经具备一定专业技能的人才提供更深层次的教育培训，目的是更新技术和技能，并给予更先进的管理理念，通过深层次教育培训来优化人才的知识体系和技能体系，从而培养出更具竞争力和生命活力的新型职业农民。在此过程中，还需要依托于乡村基层组织为人才提供农业产业政策的最新信息，以及对应的农业科技的进步情况、农产品市场的发展和变化等，以推动职业农民能够自主优化产业体系，提高农业生产经营的效益，在实现收益提高的基础上提升生产效率。

2.乡村专业人才队伍的管理和发展

乡村专业人才队伍的建设需要在确保队伍技能水平有保障、人才队伍可以提高生产力的基础上进行，因此需要在人才队伍管理和人才队伍发展两个层面进行把关。

乡村专业人才队伍的管理可以依托于专业人才认定，即专业人才需具备一定的专业技能，可以用对应的专业技能证书作为标准；同时专业人才还需要具备对应的职业道德，包括产品质量过关、诚信经营、服务理念先进等。可以通过对应的绿色食品认证、无公害产品认证等作为考核和验证标准；还需要综合全方面对专业人才进行管理，包括人才个体的综合水平（受教育程度和专业技能架构等）、认定后的动态管理等。

乡村专业人才队伍的发展需要从两个角度着手：一是通过教育培训模式

的创新发展，来完善乡村本土人才的培养和建设；二是通过人才吸引政策和条件，来完善乡村专业人才队伍的架构。

教育培训模式的创新发展就是灵活运用教育培训资源，通过灵活设置专业方向和内容，创新人才培养模式，为乡村培育专业的人才队伍。需要分三个层次进行，首先是乡村职业教育培训的基础要以义务教育为主体，推动乡村民众整体知识层次的提升；其次是促进普通教育、职业教育、中等职业教育和高等职业教育的协调发展，健全教育培训平台；最后是在保证教育质量的基础上，推动职业教育体系灵活设置专业方向，包括健全继续教育制度，鼓励农民工和退伍军人参加继续教育，完善乡村专业人才队伍的结构。

完善人才吸引政策和条件，可以继续实施"三支一扶"和特岗教师计划，以政策推动乡村专业人才的教育培训；可以建构教育培训共享平台，以县域为单元，糅合县域内各个乡村，推动乡村之间的教育培训模式共享，加速乡村专业人才队伍的壮大；还可以依托于互联网技术，运用多媒体技术和各种网络资源要素，开展各种人才交流活动，包括送职教下乡进村活动等，以便为各个乡村输送不同的外部人才，推动乡村人才队伍的结构优化和完善。

二、农业现代化建设科技人才队伍建设

农业农村现代化建设过程中，对专业化、协作化等高新技术都提出了较高的需求，而且随着乡村农业分工越来越细化，也对科技手段提出了较高的需求在这样的背景下，农业科技人才的重要性开始凸显，并逐渐成为乡村现代化建设的支撑型人才。

农业科技人才是受过专门的教育和职业培训，具备和掌握某种专业知识和技能，并能够在农业教育、农业科研、农业技术推广方面进行实践的人才，因此其主要分为三大类人才：农业科研人才、农业实用人才（可以起到带头和示范作用的专业人才）和农业技术推广人才。在农业科技人才队伍的建设过程中，需要充分发挥其人才支撑作用，可以从以下几个方面入手。

（一）健全农业科技人才引进制度

农业科技人才对乡村振兴的推动和支撑作用，需要建立在人才进入乡村并做出贡献的基础上，因此要发挥其作用，首先需要健全人才引进制度。

需要建立农业科技人才到乡村工作和创业的制度，保障其在工资福利、职称评定和社会保障等各个方面的权益。比如，允许农业科技人才在为乡村提供增值服务时获取合理的薪酬；比如，要积极推进乡村科技体制的改革，健全与乡村发展相关科研领域知识产权的明晰、知识价值的分配等，以确保农业科技人才能够获取对应的回报。

另外，要通过切实有效的措施和手段，提高农业科技人才的收入，同时要给予其更多的时间和精力投入科技研发和技术推广。比如，可以采用农业科技成果以专利入股的形式参与应用，从而让农业科技人员获得收益分成；比如，通过乡村基层组织牵头，推动农业科技人才和基层农业技术推广机构、农业企业、新型职业农民之间的合作，从而促使科研方向更加契合农业农村的发展需求，提升农业科研成果的转化率。这样一方面可以提高农业的发展，另一方面可以提升农业科技人员的收益。

（二）健全科研知识产权和知识价值分配体系

健全该体系是保障农业科技人才获取更合理收益的基础，更是推动农业科研和技术产业化的关键。首先，要健全科技成果转化和科技成果交易的法律法规，从而规范整个转化和交易体系，并为科技成果的转化和交易提供保障。其次，要归纳和分析出属于农业现代化发展的关键性技术和共性技术项目，建立乡村农业现代化发展的战略性核心技术体系；依托于关键性技术和项目的深层关系，建立科研技术联合协作的创新体系和科研平台，并根据创新体系和科研平台开展重点科研技术研究；依托于关键技术制定更加科学和适用的农业现代化发展规划，推动对应的科研创新基地的建设。

（三）深入推进农业技术推广服务特聘

农业科研技术成果的转化和价值体现，离不开农业技术的推广服务，因此要在前述基础上，深入推进农业技术推广人才的特聘，通过农业技术推广人才队伍的建设，进行农业科研技术的广泛应用。比如，2015年国家就实施了农业科研技术推广的特岗计划，以便为乡村基层的农业科研技术的推广队伍补充新鲜血液。在此基础上，全国各地都开展了乡村农业技术推广人才激励计划，通过各种补助措施和奖励手段，对进驻乡村的农业技术推广人才进行吸引和鼓励。

三、吸引和鼓励社会各界人才投身乡村

乡村的振兴需要各方面的人才支撑，尤其是随着农业农村现代化进程的快速推进，乡村对多元化人才的需求再次攀升。虽然通过乡村本土教育培训能够挖掘很多乡村本土人才，但挖掘本土人才需要较多的时间和投入，更需要相关人才经过一定时间的锻炼和实践，这样才能成为支撑乡村振兴发展的人才源头。

为了满足乡村现代化发展的人才需求，就需要在完善本土人才教育培训的基础上，推动城市人才向农村的输送和回流，通过各种手段吸引和鼓励社会各界人才投身乡村建设，从而推动乡村振兴战略的实施。具体鼓励社会各界人才投身乡村建设可以从以下三个角度入手。

（一）通过有效激励机制吸引各方人才

有效激励机制的建立需要以乡情乡愁为纽带，通过情感连带辅以各方面支持，从而实现乡村对社会各界人才的吸引。

这需要从两个层面着手：首先，需要制定鼓励和引导社会资本参与乡村振兴的指导意见和激励措施，在保障农民利益的同时，落实和完善对应的社会资本用地扶持、税费减免、基础设施建设补助、融资贷款优惠等政策，通过政策支持来推动社会各界人才向乡村的涌入。其次，需要完善农业经济体系的宣传，尤其是农业经济的未来发展趋势，如规模化生产、高科技支撑、自然生态体系完善、可持续发展路径等；又如农产品生产、加工、包装、物流、电商等各种产业的机遇空间等，借助政策的引导来吸引城市之中的各界企业家和资本运用于极为广阔的农业农村市场。

通过社会各界人才和资本的注入，推动社会企业对乡村土地的规模化经营，从而推动原有土地上的传统农民快速转化为新型职业农民或农业产业工人，推动乡村各个生产和经营环节的顺畅发展，获取更多的收益和发展机会，从而实现乡村现代化的建设和乡村振兴的实现。

（二）充分发挥乡村群体组织的作用

乡村发展过程中，为了紧随乡村变革和社会发展的步伐，乡村民众充分发挥了群体智慧和团结力量的优势，创建了众多群团组织，如各类工会、共

青团、妇联、协会、残联等，这些乡村群体组织拥有极为广泛的覆盖面和宣传力。在乡村人才振兴过程中，要充分挖掘这些群团组织的积极作用，通过群体组织来推动各种乡村振兴政策的宣传和推广，同时加强对乡村弱势群体的关爱。

可以通过各类工会来组织农业产业发展探讨会，推动农业产业的创新和发展；通过共青团与乡村基层组织协作，来推动乡风文明的建设；通过妇联来加强对乡村弱势群体的关爱；通过各种协会来推动乡村振兴战略中对应措施的实施和落实；通过科协来宣传乡村生态环境保护的优势和作用，来提高乡村民众的生态环保意识。

中国农村专业技术协会对乡村人才振兴具有极大的推进作用，其由中国科协直接领导，并由各种农业专业技术研究者、科学技术推广者、科学技术研究者、科技致富带头人等自发组成，属于非营利性科普社团。在乡村发展过程中，乡村基层组织可以通过引导充分发挥其中各种人才的巨大作用，推动乡村农民组织化发展，并促使农业产业化发展，推动农业科技的推广和运用，切实提高乡村民众的收益和改善乡村的生态环境，从而推动传统农业向现代化农业转变。

（三）充分发挥乡村青年及妇女的作用

随着城市经济的快速发展，很多乡村青壮年为了获得更好的经济收益和发展空间，离开了乡村投身到了城市发展和建设中。这使得在乡村发展过程中缺失了后续人才力量。为了推动乡村现代化发展，就需要实施现代青年农场主培养计划，通过吸引乡村青年回归农村创业兴业，来发挥出青壮年的创新活力和潜力。

通过对乡村青壮年的培训指导、创业孵化、认定管理、政策扶持、跟踪服务等全程化系统培育，结合对立志回归乡村进行创业兴业的人才进行就业补贴、税费减免、金融信贷、社会保障、土地流转等扶持政策，鼓励和吸引青壮年回归乡村进行农业领域的就业创业。

另外，可以建立农业院校定向招生制度，对出身乡村的"农二代"进行政策倾斜，如在校生补助拨款、实训基地建设等，以此来推动农业院校设立对应的涉农专业，为新生代的新型职业农民培养创造条件，同时可以挖掘乡村新生代的培养潜力。

　　针对乡村中广泛留守的妇女群体，可以推广实施乡村振兴"巾帼行动"，即贯彻落实 2018 年中华全国妇女联合会发布的《关于开展"乡村振兴巾帼行动"的实施意见》，将乡村留守妇女的作用和潜力充分挖掘和发挥。

　　在上述实施意见中，提出了五项实施巾帼行动的方法，包括加强思想引领来动员妇女投身乡村振兴战略、实施乡村妇女素质提升计划来加强妇女参与乡村振兴的能力、引领乡村妇女参与美丽乡村建设活动，构建生态宜居家园、拓展最美家庭内涵来推动乡村妇女正家风等。

　　可以实施乡村妇女素质提升计划，可以通过网络教育培训，培养乡村妇女的网络学习意识和学习能力，并开发多样化网络培训课程，提高乡村妇女在电子商务、手工制作、乡村生态旅游、现代农业实用技术等层面的能力；在提升乡村妇女市场竞争能力的同时，推动乡村现代化发展，同时提高乡村家庭的收益，改善家庭生活状况。

　　还可以引领乡村妇女参与美丽乡村建设活动，可以引导乡村妇女自家庭生活卫生习惯入手，逐步对自身家庭进行环境改善，从而全面美化自家庭院，推动整个乡村生态环境的改善。

　　拓展最美家庭内涵，推动乡村妇女正家风，可以通过最美家庭推选的活动，来促使乡村妇女认识到优良家风的巨大作用，并引导乡村妇女逐步深挖优良家风的内涵和影响，从而在家庭生活和农业生产过程中树立优良的家风，促进优良民风的形成，并推动乡风文明的建设。

第三节　新时期职业教育和培训体系的创新建构

　　乡村振兴战略的实施是涉及经济、文化、教育、科技、道德观念等多方面的系统性工程，但究其根本，乡村振兴战略的实施均需要通过对应的人才进行支撑，人才是实现乡村振兴的关键。基于乡村振兴战略的实施所涉及的方面和内容过多，因此乡村振兴有赖于多层次多类型的应用型人才培养，其中职业教育和培训体系的建构则发挥着极为关键且不可替代的作用。

一、职业教育和培训体系建构的必要性

职业教育和培训最大的特性就是能够突破普通学校教育的限制，能够开展职后的教育和培训，教育形式更加灵活多样，效果更加具有覆盖性和广泛性。比如，可以在全国各地乡村灵活设立教育场所，并匹配乡村发展匹配的专业教师队伍，从而有针对性地对乡村人才进行教育和培训。正是因为职业教育这种灵活特性，所以被视为提升乡村人力资本水平的重要教育类型。

职业教育和培训体系的建构，对乡村振兴战略的顺畅实施意义重大。其必要性主要体现在两个层面：一是乡村的现代化建设和城镇化建设需要职业教育和培训体系的支撑；二是城乡融合发展需要职业教育和培训体系的协调与促进。

（一）对乡村现代化、城镇化建设的支撑

在乡村振兴发展过程中，乡村现代化进程、城镇化进程都会不断被快速推进。推进现代化和城镇化的基础力量就是拥有对应的技术力量、人才支撑、对应要素等，这些均需要职业教育和培训体系的支持。

1. 对乡村现代化建设的支撑

乡村的现代化建设主要体现在农业农村现代化，包括农业产业层面的现代化和乡村人居环境、生态环境、发展路径、管理模式、治理方式的现代化，这些均需要职业教育的支撑，其巨大作用主要体现在以下三个方面。

首先，职业教育和培训体系的建构能够推动农业科技的发展，通过对应的职业教育可以促使农业相关科技的研发和应用，从而在提高农业科技研发水平的基础上，实现科研成果不断转化为生产力，在提高乡村经济发展的同时，促使乡村农业产业的现代化。

其次，职业教育和培训体系的建构能够为乡村提供人才支撑，即为乡村培育需要的新型职业农民。职业教育和培训体系建构健全后，可以实施新型职业农民培育工程和项目，协助建立培育职业农民的制度，加速实现乡村"一村一业""一村一品"的现代化产业布局。通过规模化经营的实现来完善新型职业农民的培育，形成产业和人才相互促进的闭环发展，改变传统上的城乡二元经济结构，推动城乡融合发展的实现。

最后，职业教育和培训体系的建构能够推动乡村治理体系的完善。职业

教育培育人才的形式并非单一状态，而是多元化多样化状态，即职业教育和培训体系可以搭建一个平台。该平台主要面向"三农"需求培养对应的职业人才，从而广泛推动乡村的各方面发展。包括乡村生态环境保护、乡村人居环境建设和改善、乡土文化保护和传承、乡村基础公共设施建设、乡村整体发展规划布局、乡村治理能力等，均可以通过职业教育针对性的培训架构人才体系，从而满足乡村治理体系的人才支撑。

2. 对乡村城镇化建设的支撑

在乡村新型城镇化发展和建设过程中必然需要城市对过渡期的乡村进行反哺，从而推动乡村公共服务体系完善、促进和实现城乡融合发展。在乡村城镇化进程中，职业教育和培训体系的建构能够起到极为关键的作用，具体体现在以下三个层面。

首先，职业教育能够推动城乡人口要素的流动，能够有效缓解社会矛盾，维护社会稳定，从而促进城乡融合发展的效率。乡村的部分劳动力涌入城市，一方面是为了争取城市更具优势的经济发展环境，另一方面则是为了彻底融入城市。但相对而言，城市的经济机会较易取得，但彻底融入城市却需要较高的门槛，这就造成有一大批乡村转移劳动力成了中间层，既无法完全融入城市，又无法重新彻底回归乡村，最终会影响乡村城镇化的进程。

其次，职业教育和培训体系的建构能够通过学历教育、技能培训、实践锻炼、思维转变等来实现，从而提升乡村转移劳动力的综合素质，形成城乡人口顺畅流动的态势，避免对城乡融合发展产生影响。职业教育在推动城乡人口要素顺畅流动的过程中，能够有效提升乡村转移劳动力的文化程度和综合素质，从而推动乡村转移劳动能够在城市中增加收入、稳定城市就业，促使其更快融入城市。乡村转移劳动力开始稳步转化后，能够推动社会中间阶层的不断壮大，从而减少因为不知去处产生的各种社会矛盾和社会问题，最终有效提高社会的稳定性。

最后，随着农业农村现代化发展，乡村以农业为核心的产业结构会出现极为明显的变化，因此对劳动力市场的需求也会产生巨大变化，很容易出现技术劳动力结构性短缺的现象。职业教育和培训体系的建构，则能够运用特定领域培养，打造一大批乡村产业转型升级过程中需求的技术技能型人才，能够有效缓解技术劳动力结构性短缺的问题，从而有效推动乡村的城镇化发展。

（二）对城乡融合发展的协调和促进

城乡融合发展并非一蹴而就的结果，而是一个不断推进的缓慢过程。实现城乡融合发展需要完成三项内容的过渡，分别是城乡经济发展水平的融合、城乡公共服务体系的融合、城乡民众观念和素质的融合。职业教育和培训体系的构建对以上三项内容的过渡均有极为重要的促进作用。

首先，城乡经济发展水平的融合，需要通过实现农业农村现代化来推动农民增加收益，从而逐步缩小与城市之间的经济发展差距。在此项融合内容中，职业教育能够通过针对性的教育和培训措施，来提升乡村的人力资本，从而推动城乡经济发展水平的逐渐持平和融合。曾经的城市建设和发展，依靠的是充分挖掘和发挥乡村的人口红利。但随着乡村剩余劳动力的减少，完全以数量取胜的人口红利已经无法满足社会发展需求，其需要通过职业教育和培训体系的建构提升劳动力素质和质量，从而挖掘出二次人口红利，即重视和提升人力资本来助推乡村经济发展。

其次，城乡公共服务体系的融合，需要通过推动乡村城镇化建设来完善乡村的公共基础设施建设、乡村治理和管理建设、乡村卫生与健康建设、乡村生态文明建设，从而使城乡生活质量逐步达成一致。在此项融合内容中，教育同样属于极为关键的公共服务。职业教育作为乡村振兴过程中最适宜乡村发展的教育形式，自然具备关键性作用。比如，可以通过农业技术教育和农业科研教育结合的方式，即"农科教"结合，辅以农村基础教育、职业教育、成人教育"三教统筹"的方式，整体提升乡村的教育水平和教育质量，形成完善的教育体系，最终推动城乡公共服务体系的持平和融合。

最后，城乡民众观念和素质的融合，需要通过促进农民具备一定技能并不断接受培训，从而获取先进的思想意识，培养出具有现代化特性的观念和素质，最终成为具有城乡间流动能力的现代农民。在此项融合内容中，职业教育的作用最为明显。城乡二元结构的形成，在很大程度上是因为城市对乡村的依赖性丧失导致，从而造成了城市和乡村结构出现断裂。要打破城乡二元结构，一方面需要农业农村现代化的不断推进，拉近城乡经济发展水平；另一方面则需要从观念意识层面打破城乡的二元结构，即推动城市民众和乡村民众在思想观念和思想意识方面的统一。这就需要通过职业教育来推动乡村民众的文化水平提高和价值观念进步，从而在推动乡村经济振兴的同时，推动乡村文化、社会观念和各种意识的振兴，最终完成城乡一体化融合发展。

二、新时期职业教育和培训体系的建构路径

职业教育和培训体系的建构，主要是通过教育来影响"人"这一主体的，从而通过对人的影响，来推动城乡的融合发展。这就需要职业教育和培训体系能够通过教育体系完成"人"向"现代人"的过渡，即培养出具备现代化心理、思想、态度、观念、习惯、行为等特征的"现代人"。要完成上述需求，首先需要完善职业教育和培训体系服务于城乡融合发展的保障，其次则需要运用创新理念建构适宜新时期乡村发展的职业教育和培训体系。

（一）完善服务保障

职业教育和培训体系的建构涉及四个关系，分别是县域和他域、职业教育和普通教育、投入和回报、效率和公平，因此需要在以上四个关系上给予完善的服务保障。

1.地域延展保障

县域指的是以县或县级市为体系构建的地域范畴，他域则是基于县域之外的地域范畴，此处主要指的是市域和省域。之所以提出县域和他域，是因为乡村教育体系的构建建立在县域统筹的职业教育和培训，即通过县域来对整个下辖范围内的职业教育进行统筹安排、实施落实、反馈修正等。

通常县域内仅仅会设立中等职业学校，其规模偏小且师资力量及专业程度具有较大的限制，因此需要在县域职业教育体系基础上进行地域延展，与市域和省域的职业教育系统实现连通，通过市域和省域的职业教育系统来盘活县域的职业教育体系，促使县域职业教育体系向县域外的地域进行延伸，保持职业教育系统的开放和相互衔接，从而为乡村群体的职业教育和培训提供坚实的后盾保障。

另外，中国的基层教育管理体制主要是以县为主的管理模式，此模式有助于县域内统筹教育事业的发展。不过中国经济发展的不均衡性也导致不同县域的经济发展差距明显，很容易造成教育事业发展的不均衡。为了避免出

现因为地域经济差距造成教育事业发展差距，就需要建立县域和他域教育经费投入联动机制，即从根本上保证县域职业教育的整体投入处于持平状态，通过地域联动管理机制，来保障职业教育和培训体系的均衡发展。

2. 内部发展保障

职业教育和普通教育均是广泛面向民众的基础教育。在建构乡村职业教育和培训体系的过程中，需要充分调动两者的积极性，推动两方面基础教育的渗透融合，以便保障整个教育体系内部发展的均衡。

其一，职业教育和普通教育都需要充分关注受教育者综合素质的提升。职业教育不能仅仅传授对应的技能和技术，更需要在教育体系中渗透价值观教育、公民教育和道德教育等，从而培养出符合现代化特征的有理想有担当的社会公民；同时，普通教育也不能与职业教育截然分离，需要在课程设计、教学活动中恰当地渗透职业教育，从源头推动受教育者形成对应的职业意识和形成基本的职业素养。

其二，通常在县域范围内职业教育仅限于中等职业教育，若想健全职业教育和培训体系，就需要县域内的职业教育系统积极主动和他域更高层次的职业教育修通进行沟通联系；同时需要和普通教育进行衔接、融合，以推动县域内的中等职业教育能够和普通教育形成系统渗透，并维系好与更高层次职业教育的衔接关系，从而保证乡村不同类型的民众群体能够根据自身的特点，获得对应最适宜的教育。如推动民众能够根据需求自由从普通教育体系进入职业教育体系，或自由从职业教育体系进入普通教育体系，两者形成互补且关联的教育关系，充分满足不同群体的不同需求，满足民众的各阶段教育和培训，培养具有个性化发展趋向的乡村人才体系。

3. 投入回报保障

职业教育和培训体系的建构，是为乡村民众提供学习和提升的平台。广大乡村群体在考虑职业教育和培训时，自然会通过理性的思考来计算投入和回报的比例，从而决定最终是否选择或参与。

基于乡村教育现状，在建构职业教育和培训体系过程中，首先需要充分考虑课程设置和培训组织管理，要确保受教育者能够切实掌握必要的职业技术和职业技能，最好令效能清晰可见。这需要职业教育院校充分挖掘乡村特征和需求，通过对乡村未来发展趋势的分析和预估，来设置对应的职业技术专业课程和职业技能专业课程。其次需要完善制度设计，推动参与职业教育和培训的乡村群体能够在就业机会、收益、发展等各个方面都具备优势。这一方面需要乡村现代化建设的推进，确保匹配技术的职业人才能够快速上岗；另一方面则需要健全对应的职业审查制度，包括职业资格准入制度、职业资格证书制度、学分认证和学分转换制度等，通过严格的职业审查来推动职业教育的规范化、职业化。

只有让乡村群体得到切实的收益和成果，满足民众的需求，职业教育和培训才能够被大众所接受，从而在提高乡村民众参与积极性的基础上，发挥出真正的人力资本提升作用。

4.价值取向保障

职业教育本身就具备两种价值培养取向：一种是建立在工具性和效率性之上的经济发展取向，另一种是建立在公平和正义基础上的社会发展取向。作为培养乡村未来人才的职业教育，在政策制定的过程中必须要将人才的终身发展价值、终身发展标准、经济社会发展需求、劳动力市场需求等进行有机整合，推动职业教育形成促进公平和正义、整合经济效益和社会效益的教育体系，最终成为动态发展过程中兼顾公平和效率的完善教育系统，从而快速推进城乡的融合发展，实现最终的乡村振兴。

（二）创新建构路径

根据上述职业教育和培训体系需要给予社会和人才的服务保障内容，新时期该体系的建构需要采取动态创新的理念进行，具体可以从以下几个方面完善其创新建构路径。

1.完善统筹布局

要重点完善县域统筹和机构布局，以此来有效发挥政府的导向作用和政策的引导作用，建立其服务于城乡融合发展的职业教育服务体系，具体需要从三个角度着手。

一是统筹职业院校和职业培训机构的布局。县域内的职业院校多数是中等职业院校，职业培训机构则主要是县级职业教育中心，两者多数位于县城之中，在乡镇和村落尚缺少必要的机构，所以尚无法满足乡村民众就近学习和参与培训的需要。所以在机构布局方面，应该从县域着手，发挥出县城职业院校和职业教育中心的辐射能力，构建完善的全面覆盖乡镇、村落的职业教育培训网络。

二是统筹职业培训的组织管理。在县域范围内必须要做到杜绝多部门领导和重复培训，通过教育行政部门和劳动保障部门的有效管理来明确职业培训的监督模式和管理模式，确保职业培训的系统性和实效性；另外需要通过县域统筹师资配备和培训内容，并根据乡村情况探讨培训方式，来完善乡镇和村落的职业教育培训机构的设置，确保职业培训能够整体设计合理、梯度性明显、具有差异性和协调性；还需要注重职业培训的反馈收集，依托受教育者对培训效果的评价和反馈，来确保培训的效果和效率。

三是统筹职业教育和培训的经费投入。这需要建立县域整体统筹的投入成本分担机制，可以向乡村民众提供菜单式培训项目，以保证受教育者可以根据自身特征和需求选择恰当的教育内容，同时培训经费还可以设定不同的类别和层次。如普及类的职业培训可以由政府出资让民众免费参与；推广类职业培训则主要靠政府出资支持，民众承担少部分经费；高端类职业培训则由民众自费自愿参与。

另外，县域需要统筹好职业教育和普通教育的投入比例，做到均衡协调，以促进整个县域范围内社会发展和经济发展的平衡。在职业教育服务方面，则需要加大力度进行投入，做好引导和宣传来鼓励社会机构和组织积极参与，在提高民办机构和组织收益的同时来推动职业教育和培训体系的完善。在此过程中，县域需要统筹好准入标准，避免教育和培训质量受到影响。

2. 以分类施教为抓手

新时期职业教育和培训体系所面对的受教育对象是乡村群体。因此在实施教育和培训过程中，需要针对乡村群体的不同类型采取不同的教育手段和培训措施。

乡村群体大体可以分为四种类型，分别是乡村转移劳动力，即从乡村走出转移到城镇，从事非农业工作的群体；留守农民群体，一部分是留守在乡村继续从事农业生产的农民，另一部分则是生活在乡村但从事的是非农产业；失地农民群体，就是城镇近郊的农民，因为土地和房屋等被征收从而脱离农业生产的群体；职业农民，则是留守农民群体中逐渐发展起来的具备一定现代农业知识和农业技能，并开始从事农业产业化规模化开发的群体。[①]

不同的乡村群体类型会拥有不同的价值取向和生活方式，因此也会拥有不同的教育和培训诉求。基于此，职业教育和培训体系需要针对分类来施教，提供不同层次和类型的职业教育，才能够满足乡村民众的需求。

对乡村转移劳动力而言，其诉求多数是融入城镇，因此职业教育和培训体系需要对其进行农民工培训，令其具备城镇所需的各类工种的从业资格和技能，从而推动乡村转移劳动力获得匹配的就业机会和薪酬，加快推动其融入城镇。另外针对此类型农民中具备高端培训需求的群体，职业院校则可以和对应的企业联合对其进行培养，从而推动企业技术革新和产业转型，同时能推动乡村转移劳动力分支的发展。

对留守农民而言，则主要通过职业教育和培训体系推动其掌握现代农业知识和部分农业职业技能；还可以引导其在做好农业主业的同时发展乡村副业。这样不仅能够开发兴趣和爱好，还能够起到创收改善生活质量的作用。

对失地农民而言，则可以通过职业教育引导其向不同的方向发展。一个方向是向城镇居民转化，培养其拥有城镇所需的各种从业资格和技能，推动其完成城镇化转化；另一个方向则是向职业农民转化，培养其对应的农业技能和技术，促进其成为职业农民。

而对于职业农民而言，则主要通过职业教育引导其向产业化规模化转型，通过针对性教育促使其获取经营、管理知识，开阔眼界并创新思维，从而能够成为乡村农业产业发展的带头人，引导乡村民众的共同发展。

3. 以互联网技术为载体

21 世纪以来，互联网技术取得了飞速的发展和广泛的普及，如今各种互联网技术、大数据技术、云计算等均已经和人们的生活密切融合。职业教育和培训体系的建构同样需要开展以互联网技术为载体的线上和远程培训系统。

这需要县域牵头，以县级职教中心或他域的高等职业院校为中心，基于大数据和互联网技术开发对应的教育培训平台，在建构平台过程中要充分整

[①] 曾阳. 乡村振兴战略下职业教育服务城乡融合发展的路径研究 [J]. 国家教育行政学院学报，2019（2）：23-30.

合各个区域的职业教育和培训资源，并推行资源共享策略，以便为乡村民众提供优质的教育和培训指导。在此基础上，还可以逐步完善多县域融合共享乃至省域融合共享的网络平台，充分发挥互联网的特性，为乡村民众提供多种多样且满足其各种学习诉求的服务。

4. 以终身发展为最终目标

在实施乡村振兴战略的背景下，职业教育和培训体系需要突破传统的线性教育思维，需要建立全方位、全覆盖且具有跟踪性和动态性的教育思维，推动乡村民众从纵向和横向同时提升，最终形成引导和满足乡村民众终身学习和终身发展的教育体系。

从横向来看，要实现职业教育和培训体系的全覆盖，包括专业的全覆盖和受教育者的全覆盖，不仅要注重乡村民众的就业，更需要注重专业和高等职业教育体系的衔接，以便满足乡村民众的更高诉求；另外则是需要分层次分阶段对乡村民众进行引导和教育、培训，按需施训、因材施教，这样才能够实现乡村民众的终身发展。

从纵向来看，要为乡村民众，尤其是乡村新生代群体进入职业教育和培训体系扫清障碍，以满足乡村民众的流动性和多元诉求性。比如，需保证受教育者能够在职业院校和社会就业间自由切换，从而推动乡村民众终身学习习惯的养成。

可以建立职业培训证书和职业院校课程学分相互转换制度，确保已拥有对应证书的受教育者可以免修对应课程，使其投入更多精力到亟须的课程，从而有针对性地提升自身；可以建立职业教育和普通教育相衔接的制度，推动乡村民众能够顺畅完成两者之间的过渡和转化，形成职业教育和普通教育彼此促进并渗透融合的良性循环；可以完善中等职业教育和高等职业教育的内容衔接，以便满足乡村民众的继续深造需求。

最终通过新时期职业教育和培训体系的构建和完善，完成乡村振兴发展过程中的人才储备，通过对应人才来全面推动乡村振兴战略的实施。

参考文献

[1] 刘汉成，夏亚华.乡村振兴战略的理论与实践 [M].北京：中国经济出版社，2019.

[2] 袁建伟，曾红，蔡彦，等.乡村振兴战略下的产业发展与机制创新研究 [M].杭州：浙江工商大学出版社，2020.

[3] 孔祥智.乡村振兴的九个维度 [M].广州：广东人民出版社，2018.

[4] 黄郁成.城市化与乡村振兴 [M].上海：上海人民出版社，2019.

[5] 朱世平，饶海华.乡村生态文明建设百问百答 [M].广州：广东人民出版社，2019.

[6] 吴兆红，谭博.乡村卫生与保健百问百答 [M].广州：广东人民出版社，2019.

[7] 吕虹.新时代农村党建实务与创新手册 图解版 [M].北京：华文出版社，2019.

[8] 马洪晶.中国行政体制改革的动力、历程及启示 [J].中共伊犁州委党校学报，2021（2）：74-77.

[9] 王德青，田思华，朱建平，等.中国城乡居民收入与消费的时空差异及其收敛性 [J].数理统计与管理，2021（3）：475-489.

[10] 吕芳.回顾与反思：中国行政体制改革 40 年 [J].中央社会主义学院学报，2019（5）：85-92.

[11] 宋世明.中国行政体制改革 70 年回顾与反思 [J].行政管理改革，2019（9）：30-45.

[12] 吴理财，解胜利.文化治理视角下的乡村文化振兴：价值耦合与体系建构 [J].华中农业大学学报（社会科学版），2019（1）：16-23，162-163.

[13] 江丽.城镇化背景下乡村文化的传承与创新 [J].郑州航空工业管理学院学报（社会科学版），2016（6）：136-139.

[14] 邱希，杜振巍."健康中国 2030"背景下全民健身与全民健康深度融合发展的基本态势及发展策略 [J].武汉体育学院学报，2021（11）：41-49.

[15] 罗兰，范兆飞. 乡村生态宜居建设研究 [J]. 乡镇企业导报，2021（10）：48-51.

[16] 本刊讯. 普及质量安全风险 增强全民的健康意识 [J]. 中国经贸导刊，2021（20）：58.

[17] 胡桂芳，左光之，唐蓉. 筑牢乡村振兴健康基石，建设繁荣的农村 [J]. 中国发展观察，2021（Z3）：96-100.

[18] 乙立华. "健康中国"视域下群众体育发展模式的创新 [J]. 当代体育科技，2021（29）：161-164.

[19] 姜柳. 基层群众从"生态自发"到"生态自觉" [J]. 环境工程，2021（10）：238.

[20] 毛阿燕，孟月莉，严晓玲，等. 促进健康中国建设中公共卫生体系的职责与使命 [J]. 中国公共卫生，2021（09）：1313-1318.

[21] 吴睿，郭巍，袁廿一. 新时代"健康优先"融入"五位一体"总体布局的治理评价研究 [J]. 卫生经济研究，2021（9）：3-9.

[22] 马赛萍. 乡村生态宜居建设的内涵及路径探讨 [J]. 现代农业研究，2020(9)：33-35.

[23] 许爱军. 生态宜居美丽乡村建设探讨 [J]. 农业知识，2020（15）：4-6.

[24] 陈召亚，许皞，陈亚恒. 探析乡村振兴战略下生态宜居乡村的建设路径及生态意义——评《乡村振兴战略生态宜居篇》[J]. 环境工程，2020（7）：140.

[25] 张德荣，刘晓莉，文军. 推动乡村生态振兴——建绿水青山 变金山银山 [J]. 中国地名，2020（6）：44-45.

[26] 梁夏菲，陆育华，朱颖. 乡村振兴中生态宜居乡村建设特色与价值体现 [J]. 现代农业研究，2020（03）：18-19.

[27] 任君. 乡村人居环境建设路径研究 [J]. 决策探索（下），2019（12）：35-36.

[28] 阳盼盼. 乡村生态振兴：理论逻辑、历史演进与实现路径 [J]. 重庆理工大学学报（社会科学），2019（12）：70-79.

[29] 矫旭东，杜欢政. 中国生态宜居和美丽乡村建设路径研究 [J]. 中国农学通报，2019（28）：158-164.

[30] 孔祥智，卢洋啸. 建设生态宜居美丽乡村的五大模式及对策建议——来自5省20村调研的启示 [J]. 经济纵横，2019（1）：19-28.

[31] 程芳.聚焦健康产业 助力乡村振兴 [J].经济，2021（6）：120–121.

[32] 郑仙蓉.乡村振兴 健康先行 [J].健康中国观察，2021（4）：28–35.

[33] 许源源，王珊.乡村振兴与健康乡村研究述评 [J].华南农业大学学报（社会科学版），2021（1）：105–117.

[34] 王秀峰.健康中国战略的地位、作用与基本要求 [J].卫生经济研究，2019（4）：3–6.

[35] 张健明，李美兰.保障农民安康 助推乡村振兴——基于农村社区健康服务管理机制思考 [J].上海农村经济，2020（2）：33–36.

[36] 田玲.乡村振兴战略下人才资源配置机制及人才队伍建设研究 [J].安徽农学通报，2021（21）：1–3+32.

[37] 刘玉侠，张剑宇.乡村人才振兴：内涵阐释、困境反思及实现路径 [J].重庆理工大学学报（社会科学），2021（11）：104–114.

[38] 赵超.乡村产业人才队伍建设的困境与突破 [J].乡村振兴，2021（10）：30–31.

[39] 来晓东，高鸣.乡村振兴重在加强乡村人才队伍建设 [J].中国人力资源社会保障，2021（10）：23–24.

[40] 池晓颖，刘晓霞.乡村人才振兴的困境及路径研究 [J].吉林工程技术师范学院学报，2021（09）：81–83.

[41] 何春燕.乡村振兴战略背景下推进乡村人才队伍建设问题研究 [J].新农业，2020（17）：87–88.

[42] 陈凤.论乡村振兴战略背景下的乡村人才队伍建设 [J].农村经济与科技，2020（5）：273–274.

[43] 韦卫，申磊，车双龙.职业教育在乡村振兴中的角色定位、现实挑战与责任担当 [J].当代职业教育，2021（6）：27–35.

[44] 陈香蝶，尹盼盼.职业教育与城乡融合耦合协调发展的时空演化差异分析 [J].浙江农业科学，2021（10）：2111–2114.

[45] 罗春燕.职业教育城乡融合发展：瓶颈与策略 [J].职教论坛，2021（6）：154–159.

[46] 马建富.乡村振兴背景下城乡融合职业教育体制机制的建构 [J].江苏教育，2021（29）：6–13.

[47] 李奉英，卢德生.城乡融合发展背景下的县域职业教育目标定位 [J].当代职业教育，2020（2）：38–43.

[48] 马建富 . 乡村振兴战略下的县域职业教育和培训体系建构 [J]. 职教论坛，2019（6）：30-37.

[49] 曾阳 . 乡村振兴战略下职业教育服务城乡融合发展的路径研究 [J]. 国家教育行政学院学报，2019（2）：23-30.